KEMMLER · DIE ANAMNESE IN DER ERZIEHUNGSBERATUNG

LILLY KEMMLER

DIE ANAMNESE IN DER ERZIEHUNGSBERATUNG

DIE PRAXIS DER ANAMNESEERHEBUNG
UND -AUSWERTUNG FÜR PSYCHOLOGEN, SOZIALARBEITER,
ÄRZTE UND PÄDAGOGEN
MIT EINEM ANHANG
ÜBER GUTACHTENABFASSUNG

DRITTE, UNVERÄNDERTE AUFLAGE

VERLAG HANS HUBER
BERN STUTTGART WIEN

AUS DER BERATUNGSSTELLE DES PSYCHOLOGISCHEN INSTITUTS
DER UNIVERSITÄT MÜNSTER
LEITER: DOZENT DR. HEINZ HECKHAUSEN

ISBN 3-456-30176-6

1974
© 1965 BY VERLAG HANS HUBER, BERN
DRUCK: SCHÜLER AG
PRINTED IN SWITZERLAND

INHALTSVERZEICHNIS

Vorwort 7

I. KAPITEL

Einführung: Die Aufgabe der Anamnese in der Erziehungsberatung . . 9

II. KAPITEL

Die Durchführung der Anamnese 11
1. Rollenbezüge in der Anamneseerhebung 11
2. Die Partner des Gesprächs 13
3. Die Vorbereitung der Gesprächssituation 15
4. Die äußere Form der Erhebung 16
5. Zwei Einzelfragen: Ratschläge in der Anamnese und Hausbesuche . . 20

III. KAPITEL

Das Anamneseschema 22

1. Allgemeine Fragen 23
   a) Grund der Vorstellung 23
   b) Wohnorte und äußerer Lebensrahmen 24
   c) Krankheiten 25
   d) Biographie 25
   e) Familiensituation und Umweltbeziehungen 29
   f) Familienanamnese 30
   g) Eindruck von der Mutter 31

2. Spezielle Fragen 31
   a) Einnässen und Einkoten 32
   b) Sprach- und Sprechstörungen 33
   c) Sexuelle Auffälligkeiten 34
   d) Kindliche Unaufrichtigkeiten 36
   e) Schulschwierigkeiten allgemeiner Art (bei nicht-schwachsinnigen Kindern) 37
   f) Schreib-, Lese- und Rechenschwäche 39
   g) Allgemeine motorische Unruhe, «Nervosität», Konzentrationsstörungen 41
   h) Angst, Minderwertigkeitsgefühle, Stimmungsschwankungen . . . 41
   i) Kontaktstörungen 42
   k) Trotz, Ungehorsam, Streitlust, Boshaftigkeit 43

l) Überdauernde körperliche und seelische Reaktionsbereitschaften (Konstitution) 43
m) Hospitalschäden 45
n) Neurotisch gestörte Entwicklungen 46
o) Strukturelle Verwahrlosung 47
p) Schwachsinn und hirnorganische Schäden 48
q) Anfallsleiden 51
3. Die Erhebung mit dem Anamneseschema 52
4. Die Ausbildung für die Anamneseerhebung 57

IV. KAPITEL

Die Auswertung der Anamnese 59

V. KAPITEL

Beispiele von Anamnesen 65

1. Anamnese Peter K. 65
2. Anamnese Karl F. 75
3. Anamnese Andreas L. 96
4. Anamnese Gabriele Z. 113

VI. ANHANG

Hinweise zur Gutachtenabfassung 122
Literaturverzeichnis 127

VORWORT

Dieses Buch ist aus einer elfjährigen Tätigkeit in der Erziehungsberatung erwachsen, aus dem Umgang mit schwierigen Kindern und ihren Eltern, nicht zuletzt aus der Notwendigkeit, die gewonnenen Erfahrungen und Kenntnisse in Seminaren und Übungen an Studenten weiterzugeben. Das Anamneseschema und die Auswertungsgesichtspunkte haben sich allmählich während der Ausbildung von Psychologiestudenten entwickelt. Sie haben sich viele Diskussionen mit Studenten und Mitarbeitern zunutze gemacht, bis sie die vorliegende Gestalt fanden.

In vielen Praktika hat sich gezeigt, daß Anfänger in der Erziehungsberatung anhand dieses Leitfadens verhältnismäßig schnell in die Anamneseerhebung und in ihre Auswertung einzuarbeiten sind. So ist das Buch vor allem für die Studierenden der verschiedenen in der Erziehungsberatung tätigen Disziplinen gedacht. Deshalb sind auch vier sehr ausführliche Beispielanamnesen angeführt. Vielleicht wird aber auch der erfahrene Erziehungsberater noch die eine oder andere Anregung daraus gewinnen.

Wir gehen bei unseren Überlegungen von der Annahme aus, daß allenfalls bei einem Drittel der einer Erziehungsberatungsstelle vorgestellten Kinder die Schwierigkeit allein durch Erziehungsfehler der Eltern verursacht und allein durch eine Beeinflussung der Eltern auch beseitigt werden können. Viele Kinder werden vorgestellt, weil die Eltern Information wünschen, z. B. über die Schul- oder die Berufseignung. Hirnschäden oder Begabungsmängel spielen bei der Verursachung der Verhaltensstörungen eine große Rolle; Überweisungen in Heime oder Pflegefamilien sind notwendig. Schon in all diesen Fragen benötigt der Erziehungsberater in der Regel eine gute Kenntnis aller Lebens- und Entwicklungsumstände des Kindes. Er darf all dies nicht nur mit den Augen der Eltern sehen, mindestens ebenso wichtig ist die Sicht aller Gegebenheiten vom Kinde her, um dessen Wohl es in der Erziehungsberatung vor allem geht.

Dieses Buch erhebt nicht den Anspruch, die wissenschaftlichen Grundlagen der Anamneseerhebung zu klären, es will kein Lehrbuch der klinischen Psychologie ersetzen. Im Text wird keine Literatur angeführt. Die Vielzahl der einschlägigen verwendeten Bücher und Aufsätze würde, wollte man sie alle zitieren, die Lesbarkeit des Textes beeinträchtigen. Das Anamneseschema könnte kaum noch eine Gedächtnisstütze sein, wenn es durch häufige Literaturangaben und Verweisungen zerrissen würde. Der Charakter einer praktischen «Handanweisung» ginge verloren. Die Verfasserin führt im Literaturverzeichnis jene Arbeiten an, die ihr auf diesem Arbeitsgebiet wichtig erscheinen und die zugleich eine nützliche Einführung des Studierenden oder eine Vertiefung des einen oder anderen Bereichs der Anamnesenerhebung bieten. Auf ausländische Fachliteratur und schwer zu beschaffende Zeitschriftenartikel wird weitgehend verzichtet. Das Literaturverzeichnis strebt keine Vollständigkeit an (ausführlichere Hinweise gibt SCHRAML, 1964).

Wenn die Fragen des Anamnesenschemas im Buchtext in Petit gesetzt sind, so geschah dies des übersichtlicheren Satzspiegels wegen und bedeutet nicht, daß sie von untergeordneter Bedeutung sind.

Die Verfasserin möchte schließlich allen danken, welche dieses Buch und die ihm zugrunde liegende Arbeit gefördert haben: Professor Dr. Wolfgang Metzger, dem Direktor des Psychologischen Instituts, für viel Anteilnahme und hilfreiche Durchsicht des Manuskriptes; Dozent Dr. med. Klaus Menzel für zahlreiche Ratschläge im medizinischen Bereich; Diplom-Psychologin Irmgard Dolfen für ihre Hilfe bei der Zusammenstellung des Anamneseschemas. Der Dank gilt auch den Studenten und allen Mitarbeitern unserer Beratungsstelle für die vielen Anregungen, die lebhaften und kritischen Diskussionen, für die Arbeit an den Beispielanamnesen. Besonders möchte ich meinem Kollegen Dr. Heinz Heckhausen, dem Leiter der Beratungsstelle unseres Instituts, für die vielen Anregungen und gemeinsamen Diskussionen danken.

März 1965   LILLY KEMMLER

I. KAPITEL

EINFÜHRUNG: DIE AUFGABE DER ANAMNESE IN DER ERZIEHUNGSBERATUNG

Der Begriff Anamnese, der so viel wie Erinnerung, Wiedererinnerung, Gedächtnis bedeutet, wurde aus der medizinischen Praxis in den Tätigkeitsbereich der Erziehungsberatung übernommen. Der Arzt versteht unter Anamnese die Erhebung der Krankengeschichte beim Patienten. Es handelt sich um die Erhebung des wirklichen oder vermeintlichen Wissens des erwachsenen Kranken um seine Krankheit und ihre Entstehung.

In der Erziehungsberatung wird der Begriff Anamnese in einem erweiterten Sinne gebraucht, umfaßt einen gegenüber der Medizin zum Teil veränderten, zum Teil umfassenderen Tatbestand. Das ist einmal dadurch gegeben, daß nicht der kleine Patient selbst befragt wird, sondern eine dritte Person, sehr häufig die Mutter. Eine Ausnahme bilden die gelegentlich die Beratungsstelle aufsuchenden Jugendlichen oder Erwachsenen. Es spricht also nicht der Betroffene selbst, sondern ein anderer, jemand, der mit ihm in enger Fühlungnahme lebt. Der Erzieher macht Aussagen über die Schwierigkeiten des Kindes, die Entstehung vorhandener Störungen, die Persönlichkeitsentwicklung, die Umweltkonstellation. Die Erhebung beschränkt sich nicht auf die Genese der Störung, sondern es sollen darin auch die Erziehungsansichten und -haltungen, die Meinungen, Rollenbezüge und die Persönlichkeiten von Vater, Mutter und Geschwistern deutlich werden.

In vielen institutionalisierten Erziehungsberatungen hat sich ein fester, wenn auch nicht rigoros festgehaltener Ablauf der Gesamtuntersuchung eingebürgert, der aus Anmeldung, Anamneseerhebung, Psychodiagnostik mit abschließender Befundzusammenfassung, medizinischer Diagnostik, Teambesprechung, Beratung, Behandlung und eventuellen weiteren Maßnahmen (z. B. Heimeinweisung) besteht.

Die Anamnese stellt innerhalb der Gesamtuntersuchung einen äußerst wichtigen Bestandteil dar und ist in ihrer Funktion durch keine andere Maßnahme zu ersetzen. Dabei umfaßt das Wort Anamnese immer die zu erhebenden Daten wie die Erhebung dieser Daten selbst.

Die Anamnese hat eine mehrfache Bedeutung:

1. Sie soll Begegnung und Kontakt mit den ratsuchenden Eltern[1] ermöglichen.

Die Anamnese dient einem ersten Kennenlernen von Mutter und Erziehungsberater. Die Mutter kann eine nähere Beziehung zu den Menschen der Institu-

---

[1] Wir schreiben fortan immer Eltern bzw. Mutter, dabei bleibt selbstverständlich, daß es auch andere Erzieher, z.B. Vater, Großeltern, Heimtante usw. sein können, bei denen die Anamnese erhoben wird.

tion aufnehmen, von der sie sich Hilfe und Rat für ihr Kind erhofft. Eine Vertrauensbasis wird geschaffen, die für die spätere Beratung wichtig wird.

2. Sie soll eine Fragestellung aufzeigen, ohne die keine Antwort in der Diagnose gegeben werden kann.

In der Anamnese besteht die Gelegenheit, die Schwierigkeiten und Symptome des Kindes kennenzulernen, über die Sorgen zu sprechen, die sich die Eltern über die Entwicklung und die Verhaltensweisen ihres Kindes machen. Der Berater erfährt, worauf er durch seine Untersuchung des Kindes eine Antwort geben soll.

3. Sie soll ein detailliertes Bild von der Entwicklung und der Persönlichkeitsstruktur des vorgestellten Kindes geben und ein möglichst umfangreiches Wissen um die psychodynamischen Vorgänge vermitteln, die die jetzige Störung des Kindes verursachten. In der Anamnese erfragen wir die gesamte Biographie des Kindes sowie alle bedeutsamen Verhaltensweisen, die es augenblicklich zeigt. So wird es möglich, die vorherrschenden Schwierigkeiten genetisch zu erklären, sich ein Bild davon zu machen, wie die Mutter ihr Kind sieht – dieses Bild kann von dem vom Psychologen in der Untersuchung gewonnenen erheblich abweichen.

Außerdem lassen sich durch die Anamnese Hinweise auf Persönlichkeitsmerkmale gewinnen, die in einer psychologischen Untersuchung kaum oder gar nicht erfaßbar sind, z. B. Durchhaltefähigkeit bei langfristigen Aufgaben, Verhältnis zu Spielkameraden.

4. Sie soll einen Eindruck von der Umwelt vermitteln, in der das Kind aufwächst.

Durch die Anamnese gewinnen wir einen persönlichen Eindruck von der Mutter[1], ihrer Persönlichkeit, ihren Erziehungshaltungen, Wertungen und Reaktionsweisen. Durch die Anamnese erfahren wir etwas über die anderen Erzieher des Kindes (Vater, Geschwister, Großeltern, Lehrer) und die verschiedenen Rollenbezüge, die diese Personen untereinander und zum Kind einnehmen.

5. Sie soll die Möglichkeit bieten, eine genetische Diagnose zu stellen.

Im Idealfall bietet uns schon die Anamnese die lückenlose Erklärung der Verursachung der augenblicklichen Schwierigkeiten und Symptome des Kindes. Die genetische Diagnose tritt so gleichberechtigt neben die Zustandsdiagnose, wie sie durch die psychologische – und medizinische – Untersuchung erhoben wird.

Manchmal birgt die Anamneseerhebung in sich sogar schon einen therapeutischen Effekt. Wir werden später darauf zurückkommen. Therapeutische und beratende Funktionen scheinen uns aber nicht zur eigentlichen Bedeutung der Anamnese zu gehören. Deshalb ist dieser Aspekt nicht als sechster Punkt angeführt.

---

[1] oder dem Erzieher, der dem Kind am nächsten steht und bei dem die Anamnese aufgenommen wird.

II. KAPITEL

DIE DURCHFÜHRUNG DER ANAMNESE

Jede Anamneseerhebung hat zwei Aspekte: Inhalt und Form. Wir wollen von der Mutter ganz bestimmte Daten der Entwicklung und Persönlichkeitsstruktur ihres Kindes erfragen. Man kann dies in sehr verschiedener Weise tun. Das «Wie» hängt in vieler Hinsicht von dem «Was» der Befragung ab und umgekehrt.

Zunächst sollen hier einige mehr formale Fragen behandelt werden, und erst dann das eigentliche Anamneseschema im Zusammenhang dargelegt werden. Wir besprechen diese Fragen vorweg, weil man sich dann für die eigene Anamneseerhebung in dem Schema leichter zurechtfindet. Durch später eingefügte Erklärungen würde das Schema zerrissen.

Es gibt viele Weisen der Erhebung einer Anamnese. Im folgenden sollen verschiedene Möglichkeiten erörtert und mit ihren Vorzügen und Nachteilen geschildert werden.

1. DIE ROLLENBEZÜGE IN DER ANAMNESEERHEBUNG

Die Anamneseerhebung schafft ähnliche Rollenbezüge, wie sie auch für die Einzelpsychotherapie und die Psychodiagnostik typisch sind. Zwei Partner kommen zusammen, wobei der eine viel über sich, seine Familie, seine Umwelt berichten muß, während der andere seine persönlichen Belange und Gefühle weitgehend verbirgt. Man muß sich dieser charakteristischen Einseitigkeit und den verschiedenen möglichen Haltungen und Gefühlen der Mutter, die während der Anamneseerhebung wirksam werden können, bewußt sein. Sie gehen in das Gespräch ein. Von der richtigen Gestaltung dieser mitmenschlichen Begegnung hängt viel für die Ergiebigkeit der Anamnese wie auch für die Aufnahmebereitschaft für die später von der Erziehungsberatung vorgeschlagenen Maßnahmen ab.

Häufig beschleicht die Mutter ein starkes Gefühl der Unsicherheit, ja Verängstigung. Oft ist die Anmeldung bei der Erziehungsberatung telephonisch oder schriftlich erfolgt, oder die Annahme der mündlichen Anmeldung und die Anamneseerhebung werden nicht von derselben Person durchgeführt. Die Mutter weiß also, wenn sie kommt, nicht, wem sie gegenübersitzen wird. Sie muß jemandem, der ihr noch völlig fremd ist, ohne eine längere Zeitspanne der Eingewöhnung und Einstellung sehr persönliche, ja häufig intime Dinge über ihr Kind und ihre Familie berichten.

Sehr verschiedene Haltungen und Erwartungen können zum Teil sogar gleichzeitig vorhanden sein. Diese brauchen der Mutter keineswegs bewußt zu sein: Die Mutter empfindet große Bedrängnis, Sorge, Unruhe, Verzweiflung über die Schwierigkeiten ihres Kindes, über seine Symptome, seine Unfähigkeit, sich in der von den Eltern gewünschten und erwarteten Weise zu verhalten. Der Kummer der Mutter äußert sich häufig in Tränen. Oft wird der Gang zur Erziehungsberatung so lange aufgeschoben, bis die Schwierigkeiten des Kindes wirklich bedrängend geworden sind.

Dazu können Schuldgefühle auftreten. Die Mutter fürchtet, als Erzieher versagt zu haben. Die Notwendigkeit, in Aufgaben, die als ureigenste Rechte und Pflichten der Eltern gelten, fremde Hilfe in Anspruch nehmen zu müssen, wird als quälend empfunden.

In dem Maße, in welchem die Erziehungsberatungsstellen bekannt und eine selbstverständliche Erscheinung werden, verringern sich allerdings derartige Bedenken und Gefühle der Eltern. Eine solche Einrichtung in Anspruch zu nehmen, liegt dann innerhalb der sozialen Norm. Man gewinnt ihr gegenüber eine Haltung, die frei von Schuldgefühlen und Mißtrauen ist.

Kommen die Eltern nicht aus eigenem Antrieb, werden sie sehr nachdrücklich von anderen Institutionen (Schule, Jugendamt, Fürsorge) geschickt, so können starke innere Widerstände die Folge sein. Es kommt zur Ablehnung, die bis zum Versuch einer Verweigerung der Auskunft gehen kann.

Die Mutter mag die Schwierigkeiten des Kindes verharmlosen. Vielleicht beschuldigt sie familienfremde Instanzen, den Lehrer, die Fürsorgerin, die Heimtante für das Fehlverhalten des Kindes. Das kann mit der festen Überzeugung gekoppelt sein, daß sie selbst am besten weiß, was ihrem Kinde frommt.

Andererseits kann die Mutter ihrem Kind die Schwierigkeiten, die es ihr macht, persönlich übelnehmen. Der Ärger über das Kind, die innere Ablehnung des Kindes durch die Mutter können so stark sein, daß eine einigermaßen objektive Aussage unmöglich wird.

Gelegentlich kann die Mutter Probleme des Kindes – bewußt oder unbewußt – auch vorschützen. Die Schwierigkeiten des Kindes werden für andere Zwecke in Dienst gestellt. Die Mutter hat selbst Probleme, möchte sie aussprechen oder durch die Vorstellung des Kindes etwas Bestimmtes erreichen, z.B. eine Sorgerechtsentscheidung über das Kind.

Schon vor Beginn der Anamnese können bestimmte Erwartungshaltungen gegenüber dem Erziehungsberater wirksam sein:

Er wird als Untersuchungsrichter erlebt, als Mensch, der alle Erziehungsfehler der Eltern aufdeckt. Das führt innerhalb der Anamneseerhebung leicht dazu, daß Tatsachen verschwiegen werden, oder daß eine – oft unbewußte – Tendenz besteht, die Fakten so zu färben, daß sie mit den vermuteten Normen des Erziehungsberaters übereinstimmen.

Es können auch überhöhte Ansprüche an den Erziehungsberater gestellt werden. Er erscheint als der Allwissende, der «Heilbringer», der für alle Nöte einen Rat wissen wird. Er soll der Helfer sein, der das Kind nach den Wünschen der Eltern «ummodelt», die Symptome in kürzester Frist «abstellt». Diese oft unangebrachten Hoffnungen sind manchmal noch mit dem Wunsch verknüpft, Verantwortung abwälzen zu können, sich zu entlasten.

Der Erziehungsberater muß um diese Haltungen und Erwartungen wissen. Es sollte ihm gelingen, sie – in manchen Fällen dadurch, daß er sie ausspricht – soweit abzubauen, daß eine warme aber sachliche Atmosphäre entsteht. Die Mutter muß sich völlig entspannt fühlen und frei sein, alle ihre Sorgen zu äußern und alle Fragen so objektiv wie möglich zu beantworten.

2. DIE PARTNER DES GESPRÄCHS

Es scheint müßig, darüber zu streiten, wer in einer Erziehungsberatung die Anamneseerhebung durchführen soll. Keiner der in einer Erziehungsberatung üblicherweise tätigen Berufsvertreter (Arzt, Psychologe, Psychotherapeut, Sozialarbeiter, Pädagoge [1]) ist durch seine Ausbildung als einziger geeignet, diesen Teil der Untersuchung zu übernehmen. Die Durchführung wird in der Praxis sowohl von der besonderen Art der Vorbildung und Erfahrung der einzelnen Mitarbeiter wie von den Bedürfnissen der einzelnen Beratungsstelle abhängen, z.B. ob die Anamnese bei der Mutter und die Untersuchung des Kindes gleichzeitig stattfinden oder nicht, ob Anamnese und Beratung oder Psychodiagnostik und Beratung in einer Hand liegen oder nicht. In einem Grenzfall führt ein und dieselbe Person alle drei Untersuchungsschritte durch, im anderen werden sie auf drei verschiedene Mitarbeiter verteilt.

Die Erhebung einer Anamnese setzt bestimmte Kenntnisse notwendig voraus. Es geht ja nicht darum, einen vorfixierten Fragebogen auszufüllen, sondern im freien Gespräch Aussagen zu gewinnen und diese Aussagen zu gewichten, jeweils gezielt weiter zu fragen und alle für *dieses* Kind relevanten Daten zu erhalten. Dazu müssen aber ganz bestimmte theoretische Vorkenntnisse beim Frager vorhanden sein.

Er muß ein sicheres Wissen sowohl in der Entwicklungs- als auch in der «Tiefenpsychologie» besitzen. Vertrautheit mit den verschiedenen aufeinanderfolgenden Schritten der kindlichen Entwicklung ist ebenso erforderlich wie Einblicke in die Wirkung der Umwelt auf die sich entfaltende Persönlichkeitsstruktur. Weiter sind Kenntnisse in der Persönlichkeitslehre, klinischen Psychologie, Sozialpsychologie und Soziologie, Psychopathologie, Konstitutionsmedizin und Kinderheilkunde vonnöten.

Alle diese Wissenszweige liefern Einsichten in die durchschnittliche Persönlichkeitsentwicklung der Kinder und in die Bedingungen der Abweichungen

---

[1] Richtlinien für die Erziehungsberatung RdErl des Arbeits- und Sozialministers für das Land Nordrhein-Westfalen vom 8. November 1962.

kindlichen Verhaltens von der Norm und ihren psychologisch-sozialen und biologisch-physiologischen Verursachungen. Die Handhabung der Anamneseerhebung selbst setzt ein Wissen um die Formen und Gesetze mitmenschlicher Kontakte und die Weisen der Gesprächsführung voraus, wie dies schon unter II, 1 angedeutet wurde. Diese Voraussetzungen, die auch in das Anamneseschema selbst eingehen, können hier nicht ins einzelne verfolgt werden. Das ergäbe nicht weniger als ein Lehrbuch der klinischen Psychologie. Unser Anspruch ist viel begrenzter, nämlich einen Leitfaden für die Anamneseerhebung zusammenzustellen.

Weiter bleibt zu bedenken, *bei wem* die Anamnese erhoben werden soll. Die Antwort ist eindeutig: bei dem Menschen, der bis zum gegenwärtigen Augenblick mit dem Kind am engsten zusammenlebte, der die innigste Kenntnis über sein Leben, seine Entwicklung, seine Schwierigkeiten hat. In den meisten Fällen ist das die Mutter. Es kann aber auch die Adoptiv-, Pflege- oder Großmutter sein oder eine Heimerzieherin. Wenn das Kind das Erziehungsmilieu gewechselt hat, kann es nötig werden, bei verschiedenen Menschen, die nacheinander das Kind betreut haben, Auskünfte einzuholen oder auch Akten, schriftliche Berichte, Briefe einzusehen.

Eine ausführliche, inhaltsreiche Anamnese ist durch nichts zu ersetzen. Gerade bei sehr kleinen oder sehr gehemmten, verstörten Kindern, die kaum inhaltsreiche Testdaten liefern, kann sie die einzige Quelle sein, aus der Hinweise für eine Diagnose zu gewinnen sind.

Im deutschen Sprachraum ist es wohl meist nicht üblich, die Väter mit zur Anamnese zu bestellen. Rücksicht auf die Arbeitsüberlastung der Väter, aber auch Gründe der Zeitersparnis bei den Erziehungsberatungsstellen selbst – bei der ja ohnehin sehr aufwendigen Erziehungsberatungsarbeit – sprechen wohl dagegen.

Im Ausland (z. B. Holland) gibt es Beratungsstellen, bei denen regelmäßig auch der Vater zur Anamnese geladen wird, und zwar wird bei ihm gleichzeitig mit der Mutter – also in zwei verschiedenen Räumen von zwei Erziehungsberatern – die Anamnese erhoben. Familien, in denen sich die Väter weigern zu kommen, werden von der Warteliste gestrichen. Man hofft, so ein detaillierteres Bild vom Kind und seinen Schwierigkeiten zu bekommen. Unstimmigkeiten zwischen den Aussagen der Eltern sind besonders aufschlußreich. Die Väter wissen vom Beginn der Untersuchung an, daß man auf sie zählt, daß sie in der Entwicklung der Verhaltensstörung ihres Kindes wie bei ihrer Beseitigung von gleicher Bedeutung sind wie die Mütter. Die Vorteile eines solchen Vorgehens sind nicht zu übersehen. Allerdings bleibt zu bedenken, daß eine solche gleichzeitige Anamneseerhebung auf die Eltern wie ein Verhör wirken kann.

Es ist auch möglich, die Anamnese mit beiden Eltern gemeinsam zu machen. Gelegentlich gibt es Väter, die dies selbst wünschen – allerdings ist das die Ausnahme und nicht die Regel. Der Informationswert dürfte sich dabei zumeist erhöhen, aber es ist dabei die sozialpsychologisch schwieriger zu bewältigende Dreiersituation zu bedenken – vor allem, wenn Spannungen zwischen den Eltern bestehen.

3. DIE VORBEREITUNG DER GESPRÄCHSSITUATION

Der *Raum*, in dem die Anamnese stattfindet, sollte es der Mutter leicht machen, sich zu öffnen und auszusprechen. Je weniger er büromäßig wirkt, um so besser. Hübsche Vorhänge, ein Bild, eine Vase mit ein paar Blumen lockern die Atmosphäre. Wir müssen aber festhalten, daß die Stimmung des Raumes letztlich von der Persönlichkeit des Beraters bestimmt wird und daß diese sich, wenn sie ganz zugewandt, hörend auf die Mutter eingestellt ist, auch gegen eine ungünstige äußere Umgebung durchsetzt.

Es empfiehlt sich, die *Sitzordnung* so anzuordnen, daß der Kontakt leicht zustandekommen kann. Läßt man die Mutter auf einen großen Schreibtisch zukommen und sich davor niedersetzen, so kann der Schreibtisch leicht als Kontaktbarriere wirken, hinter dem sich der Berater in seiner Anonymität und Allwissenheit verschanzt. Es ist günstiger, wenn die beiden Partner an einem Tisch oder Schreibtisch übereck zueinander sitzen.

Die *Dauer* einer Anamnese hängt von vielen Umständen ab, dem Alter des Kindes, der Anzahl der Schwierigkeiten, der Gesprächigkeit und dem Sprechtempo der Mutter. Wichtig ist aber in jedem Fall, daß die Mutter das Gefühl erhält, hier hat man Zeit für mich, hier kann ich mich in Ruhe aussprechen, hier ist man bereit, mich anzuhören. Unter diesen Voraussetzungen wird eine Anamnese nur selten kürzer als eine Stunde sein. Andererseits sollte man eine Anamnese möglichst nicht über zwei Stunden ausdehnen. Da die Anamneseerhebung für beide Partner eine erhebliche Konzentrationsleistung bedeutet, werden nach dieser Zeit Erschöpfung und Unlust auftreten. Falls wichtige Probleme noch nicht behandelt sind, ist es besser, die Fortführung der Anamnese auf einen neuen Termin zu vertagen.

Die Mehrzahl der Anamnesen benötigen etwa eineinhalb Stunden. Ausnahmen bilden zumeist die Anamnesen von Kindern, die nicht wegen Verhaltensstörungen, sondern wegen reiner Informationsfragen vorgestellt werden, z.B. Schulbahnlenkung, Einschulung, Umschulung. Diese Anamnesen brauchen meist weniger Zeit. Damit die Anamnese ungestört erhoben werden kann, muß, wie gesagt, jede Hetze und aller Zeitdruck sowohl von seiten des Beraters wie von seiten der Mutter vermieden werden. Deshalb bewährt es sich, die Mutter zu einem festen Zeitpunkt zu bestellen und ihr vorher mitzuteilen, daß etwa zwei Stunden für diese Besprechung vorgesehen sind. So können sich Berater und Ratsuchender in Ruhe auf diese Zeit einstellen. Es bewährt sich nicht, Kleinkinder, für die die Mutter für die Dauer ihrer Abwesenheit keine Unterbringung gefunden hat, während der Anamnese mit in demselben Raum zu lassen. Sie stören und erfassen vielleicht mehr von dem Gespräch als gut ist. Für solche gelegentlich auftretenden Fälle muß in der Erziehungsberatungsstelle für Beaufsichtigung und Beschäftigungsmaterial gesorgt werden.

Erziehungsberatungsstellen («Ambulanzen»), bei denen die Anamnese an demselben Tag erhoben wird, an dem sich die Mutter erstmalig vorstellt, sind nicht zu empfehlen. Dies Verfahren birgt die Gefahr ermüdender Wartezeiten und zugleich Hetzerei bei der Anamneseerhebung aus Rücksicht auf die Wartenden. In manchen Orten, wie Kleinstädten und Dörfern, die nur gelegentlich aufgesucht werden können, lassen sich freilich Erziehungsberatungs«ambulanzen» manchmal nicht umgehen.

In vielen Erziehungsberatungsstellen kommen die Mutter und das Kind zusammen, Anamnese und Untersuchung laufen dann parallel aber getrennt nebeneinander her. Gut organisiert, bietet diese Methode manche Vorteile. Der Mutter wird ein Weg erspart. Untersucher und Anamneseerhebender können sich zwischenzeitlich verständigen und beiderseits zusätzliche Fragen und Gesichtspunkte gewinnen. Die Gesamtuntersuchung kann verhältnismäßig schnell zu einem Abschluß gebracht werden. Dieses Vorgehen erweist sich aber nicht immer als glücklich. Vor allem Jugendliche können sich bei dem Gedanken, daß nebenan ein Elternteil für Stunden über sie spricht, sehr beeinträchtigt fühlen.

Bei komplizierteren Fragestellungen dürfte es angemessen sein, die Anamnese erst völlig abzuschließen, um so ein gerundetes Bild der Schwierigkeiten und ihrer möglichen Verursachungen zu gewinnen und erst danach den weiteren Untersuchungsplan aufzustellen.

Ein Parallellaufen von Anamnese und Untersuchung darf nicht dazu führen, die psychologische Untersuchung abzukürzen. Diese Gefahr liegt vor, da die Anamnese üblicherweise kürzer ist und man der wartenden Mutter das untersuchte Kind gern wieder mit auf den Heimweg geben möchte.

4. DIE ÄUSSERE FORM DER ERHEBUNG

Die Form, in der die Anamneseerhebung durchgeführt werden soll, ist wichtiger als der äußere Rahmen. Es erheben sich mehrere Fragen: Soll der Erziehungsberater die Mutter frei und spontan sprechen lassen, oder soll er gezielte Fragen stellen? Soll die Anamnese anhand eines Fragebogens erhoben werden, oder sollen sich die zu erhebenden Daten frei im Gespräch ergeben? Wie soll die Anamnese fixiert werden?

Die Mutter kommt zur Anamnese, um sich auszusprechen, um über die Sorgen, die sie sich um ihr Kind macht, zu berichten. Meist wird sie keine exakten Fragen erwarten, schon gar nicht aus Entwicklungsphasen, bei denen sie keinen Zusammenhang mit den Verhaltensschwierigkeiten ihres Kindes erkennen kann.

Es bietet Vorteile, die Mutter frei berichten zu lassen, ihr zu gestatten, darüber zu sprechen, was sie für das Wichtigste hält, ohne den Fluß des Gesprächs durch gezielte Fragen zu unterbrechen. Diese Haltung des Erziehungsberaters wird von ROGERS in seinem «nondirective counseling» vertreten. Allerdings muß deutlich gesagt werden, daß es sich hier weitgehend um eine therapeutische und nicht um eine diagnostische Haltung handelt. In einem solchen «Anamnese»-gespräch, nach ROGERS, wird man die Mutter möglicherweise auffordern: «Bitte erzählen Sie mir doch von den Schwierigkeiten, die Ihnen Ihr Kind macht, wie es zu diesen Auffälligkeiten gekommen ist und wie sich Ihr Kind entwickelt hat.»

Man wird die Ausführungen der Mutter dann nicht mehr durch gezielte Fragen unterbrechen, sondern der Erziehungsberater wird die Gefühle und Haltungen der Mutter reflektieren (ROGERS). So wird zugleich mit einer Information des Erziehungsberaters Einsicht und Verhaltensänderung bei der Mutter erreicht werden, die dann positive Rückwirkungen auf das Kind haben. Ein solches Vorgehen kann in der Erziehungsberatung (EB) gut sein, wenn bereits aus der Anmeldung hervorzugehen scheint, daß die Schwierigkeiten des Kindes im wesentlichen auf erzieherische Fehlverhaltensweisen der Mutter zurückzuführen sind und daß mit Haltungsänderungen der Mutter die Symptome des Kindes fortfallen.

In einem solchen Fall erübrigt sich auch die Diagnostik beim Kind. In manchen Fällen wird man es einer Spielbehandlung zuführen. Meist wird man mehrere therapeutische Sitzungen mit der Mutter ansetzen müssen, da nur in den seltensten Fällen eine echte Einstellungsänderung nach nur einem einzigen Gespräch zu erwarten ist. Ein Erziehungsberater sollte diese Art der Behandlung beherrschen und entscheiden können, wann er sie anstelle der üblichen Anamneseerhebung anwenden kann. Die Regel ist sie sicher nicht. In den meisten Fällen ist eine gezielt erfragte Anamnese notwendig.

Es ist ein vergleichsweise seltener Fall – wie wir ihn fast ausschließlich bei Kleinkindern finden, die in der EB vorgestellt werden – daß die Schwierigkeiten des Kindes in einer einfachen Relation zu den Erziehungsfehlern der Mutter stehen. Nur wenn eine umfangreiche Information vorhergegangen ist, kann der Erziehungsberater die Ratschläge geben, die mit Recht von ihm erwartet werden. Dazu gehören z. B. Ratschläge über Schul- und Laufbahnfragen – Einschulung, Hilfsschuleinweisung, Oberschulbesuch, Berufs- und Studieneignung.

Weiter wird diese Information, wie sie eine gezielt erfragte Anamnese bietet, benötigt:

wenn das Verhalten des Kindes Ausdruck von Fehlverhaltensweisen verschiedener Menschen seiner Umwelt sind, wenn also Einsicht und Änderung des Verhaltens gegenüber dem Kind von verschiedenen Menschen erreicht werden sollen,

wenn eine Verhaltensänderung der Mutter bzw. anderer Erzieher überhaupt nicht innerhalb der therapeutischen Möglichkeiten liegen, die eine EB besitzt,

in allen Fällen, in denen von der EB weiterführende Maßnahmen eingeleitet werden müssen – z. B. Heimeinweisung.

Solche vielseitigen Auskünfte sind ferner wichtig in allen Fällen, in denen an eine mögliche körperliche Mitverursachung der Schwierigkeiten gedacht werden muß, z. B. Konzentrationsstörung auf Grund eines Hirnschadens, Fortlaufen im Vorfeld einer Epilepsie. Weiter kann oft ein einfacher Ratschlag wichtig sein, der einen Tatbestand umfaßt, der der Mutter in einem «nicht-lenkenden» Gespräch nicht selbst einfällt, z. B. bestimmte Suggestiv- und Weckmaßnahmen bei einer Enuresis.

So wird man in den meisten Fällen doch eine Befragung durchführen. Sie bietet die Möglichkeit, in einer umschriebenen Zeitspanne wesentliche Tatbestände über die Schwierigkeiten des Kindes und seine Entwicklung zu gewinnen und daraus diagnostische Rückschlüsse zu ziehen, die in den meisten Fällen unentbehrlich sind. Die Vorteile einer umfangreichen Informationsgewinnung dürfen aber nicht übersehen lassen, daß diese eine Belastung für die Mutter darstellen kann. Bei einer «Abfragung» besteht außerdem leicht die Gefahr, daß die Mutter das Eigentliche, was sie sagen möchte, gar nicht zur Sprache bringen kann.

In der Praxis hat sich die folgende Weise der Erhebung bewährt:

Wenn die Mutter kommt, bittet man sie, doch über die Schwierigkeiten ihres Kindes zu berichten. Man läßt sie frei sprechen. Sie kann ihr Herz ausschütten, ohne daß sie unterbrochen wird. Es werden keine klärenden Zwischenfragen gestellt – sie können im Verlaufe der Anamnese nachgeholt werden. Die Mutter soll sich nicht eingeengt und bereits in eine bestimmte Richtung gedrängt fühlen. Eine solche freie Äußerung mag zwischen fünf und fünfundzwanzig Minuten dauern. Erst danach, wenn man den Eindruck hat, daß die Mutter für weitere Fragen offen ist, beginnt man mit der eigentlichen Anamnese. Man sagt der Mutter, daß man noch einige Einzelheiten aus der Entwicklung des Kindes wissen möchte, die wichtig werden können und bittet, einige Fragen stellen zu dürfen. Das wird von allen Müttern eingesehen und gern gewährt.

Wenn man sich entschlossen hat, der Mutter in der Anamnese Fragen vorzulegen, ist das nächste Problem, in welcher Weise man diese Fragen stellen will. Man kann einen vorgedruckten Fragebogen benutzen. Die Fragen, die in einer Anamnese notwendig werden, sind schriftlich fixiert und können anhand des Vordrucks abgefragt werden. Unter Umständen können die Antworten der Mutter gleich neben den gedruckten Fragen handschriftlich festgehalten werden. Der Vorteil eines solchen Fragebogens ist, daß er dem Erziehungsberater als Gedächtnisstütze dient. Doch scheinen bei dieser Methode die Nachteile erheblich zu überwiegen.

Ein solches Schema engt die Anamneseerhebung ungewöhnlich ein. Ein solches vorfixiertes Schema kann gar nicht alle die Fragen enthalten, die in einer jeweils bestimmten Anamnese gestellt werden müssen.

Der Erziehungsberater gerät in die Gefahr, schablonenhaft abzufragen, anstatt sich in lebendiger Weise auf die Mutter und ihre speziellen Probleme einzustellen. Er muß in jedem Fall da gezielt nachfragen, wo er wichtige Aufschlüsse vermutet. Leicht wird die Atmosphäre «künstlich», der Gesprächscharakter der Situation geht verloren, die Mutter fühlt sich irritiert, eben weil sie sich «abgefragt» vorkommt.

Aus diesen Erwägungen empfiehlt es sich dringend, die Anamnese frei in Gesprächsform zu halten. Trotzdem sollte der Erziehungsberater ein festes Anamneseschema haben, das seinem Gedächtnis gut eingeprägt ist. Nach diesem innerlich gegenwärtigen Schema kann er fragen. Ein solches «inneres» Schema läßt genügend Raum, um beweglich dem jeweiligen Gedankengang der Mutter zu folgen. Man kann sich der Art ihres Berichtes, aber auch ihrem jeweiligen geistigen Niveau anpassen, die für das jeweilige Kind unwichtigen Fragen auslassen, andere anfügen. Ein solch fester Gesprächsrahmen, wie ihn das «innere» Schema bietet, gewährleistet andererseits, daß alle bedeutsamen Daten auch wirklich erhoben werden.

Nach einiger Praxis ist die Gefahr, daß wichtige Problemkreise vergessen werden, recht gering.

Das auf S. 22 dargelegte Anamneseschema ist zu diesem Zweck zusammengestellt. Einzelheiten der Anwendung werden auf S. 52 besprochen. Man sollte sich immer entschließen, die Anamnese schriftlich festzuhalten, damit sie zu den übrigen Unterlagen geheftet werden kann. Spätere Rückfragen, Wiedervorstellungen – auch noch nach Jahren – sind in einer EB sehr häufig. Dann muß man auf die Anamnese mit ihrem wichtigen Tatsachenmaterial zurückgreifen können.

Man wird die ganze Anamnese wohl kaum auf Tonband aufnehmen, außer für wissenschaftliche Zwecke. Ist die Mutter über die Bandaufnahme nicht unterrichtet, bleibt diese ethisch fragwürdig. Weiß die Mutter, daß das Magnetophon läuft, kann sie sich sehr leicht gehemmt fühlen. Das Abschreiben einer meist über eine Stunde währenden Anamnese ist eine sehr zeitraubende Arbeit. Die vom Band abgeschriebene Anamnese kann oft viele unwesentliche Dinge enthalten – bei Müttern, die leicht vom Thema abschweifen – und ist in sich nicht strukturiert.

Am günstigsten erscheinen die Bedingungen, wenn die EB über genügend Schreibkräfte verfügt. Dann ist folgende Verfahrensweise möglich. Einige exakte Daten, die schlecht zu merken sind (z.B. Wohnorte, Alter der Geschwister) werden während der Anamnese aufgeschrieben. Gleich nach dem Fortgang der Mutter spricht der Erziehungsberater die Anamnese auf Band, aber gleich in einer festen Ordnung (siehe unser Schema), indem er alles Unwichtige wegläßt. Wenn man keine Nacht über Erhebung und Fixierung verstreichen läßt, erinnert man sich gut an alle Einzelheiten. Die Anamnese wird dann von der Sekretärin vom Band abgeschrieben.

Falls dieses Verfahren aus technischen Gründen nicht durchführbar ist, muß man die Anamnese bei der Aufnahme mitschreiben (Einzelheiten siehe S. 57). – Die ganze Anamnese selbst nach Abschluß der Erhebung schriftlich festzuhalten, ist sehr zeitraubend. – Nach einiger Übung läßt sich das Mitschreiben bewerkstelligen, ohne daß der Kontakt zur Mutter zu sehr gestört wird, doch bleibt diese Art der Fixierung immer ein Notbehelf.

5. ZWEI EINZELFRAGEN: RATSCHLÄGE IN DER ANAMNESE UND HAUSBESUCHE

Die Frage, ob man bereits in der Anamnese selbst der Mutter Ratschläge erteilen soll oder nicht, läßt sich nicht mit einem klaren Ja oder Nein beantworten. Häufig fühlt sich der Erziehungsberater schon bei der Anamneseerhebung zu Ratschlägen gedrängt. Die Mutter kommt mit konkreten Fragen und möchte sofort eine Antwort erhalten. Gerade im Augenblick der Anamnese sind die Probleme gegenwärtig, ist die Mutter aufgeschlossen und aufnahmebereit. So ist es ganz natürlich, daß man sofort den Versuch macht, die Erziehung zu beeinflussen, Verhaltensänderungen der Mutter zu bewirken. Doch gibt es viele Vorbehalte gegen ein solches Vorgehen.

Greift man während der Anamneseerhebung durch Ratschläge in diese ein, so wird das Gespräch – abgesehen von der Verlängerung der Anamnese – in eine bestimmte Richtung gedrängt. Vor allem aber: Auffassungen, Meinungen, Ansichten des Erziehungsberaters werden der Mutter bekannt. Sie kann sich dann leicht – bewußt oder unbewußt – auf diese Ansichten einstellen, und die nachfolgenden Aussagen sind gefärbt. Manches, was sie andernfalls vorgebracht hätte, wird sie vielleicht ganz unterdrücken.

Auch wenn man sofort nach Abschluß der Anamnese die Fragen der Mutter bespricht, ist größte Vorsicht geboten. Die Untersuchung des Kindes kann Befunde bringen, die der Anamnese widersprechen. Es besteht die Gefahr, daß man Empfehlungen zurücknehmen muß. Anamnese und Untersuchung sind ein Ganzes; Beratungsvorschläge können erst dann verantwortet werden, wenn Anamnese und Untersuchung ausgewertet sind und alle Befunde sich zu einer Diagnose verdichtet haben. Neben der reinen Auswertungszeit ist dazu auch ein Klärungsprozeß, ein Abwarten und Überdenken beim Erziehungsberater notwendig. Ihm dient auch die Teambesprechung, die der Beratung vorausgehen muß. Viel spricht also gegen die Erteilung von Ratschlägen in einer Anamnese. Ein Anfänger sollte sie im allgemeinen nicht geben, allenfalls der erfahrene Berater.

Allerdings gibt es Ausnahmen von dieser Regel. Man wird immer dann spezifische Maßnahmen vorschlagen, wenn man befürchten muß, daß sich ohne solche Ratschläge der Zustand des Kindes erheblich verschlimmert. Da zwischen Anamnese und Beratung, besonders wenn medizinische Spezialuntersuchungen notwendig sind, eine gewisse Zeit verstreicht, wird besonders in Extremsituationen ein solcher Rat sofort erteilt werden müssen. Besteht die Gefahr, daß ein Kind oder ein Jugendlicher Selbstmord begeht; muß man befürchten, daß ein Kind fortläuft; wurden Kinder bei sexuellen Spielen ertappt; wurde ein Kind durch Fremde unerwartet über seine Adoption aufgeklärt: in diesen und ähnlichen Fällen ist unverzügliche Hilfe geboten.

Die zweite Frage gilt den Hausbesuchen.

Soll ein Mitglied des Erziehungsberatungsteams Hausbesuche machen, soll das Elternhaus des Kindes selbst aufgesucht werden? Auch hier stehen wieder Vor- und Nachteile nebeneinander.

Ein Hausbesuch gestattet einen tieferen Einblick in die Umwelt des Kindes, als ihn manche Anamnese geben kann. Wohnviertel und Wohnung, häusliche Miterzieher, Geschwister, wirtschaftliche Verhältnisse und geistiges Niveau stellen sich unmittelbar dar. Doch hat auch der Hausbesuch – neben dem großen Zeitaufwand – vor allem in Großstädten oder Landkreisen – erhebliche Nachteile.

Soll der Besuch angekündigt werden oder nicht?

Meldet sich der Erziehungsberater vorher nicht an, so können sich die Eltern überfallen, beaufsichtigt, in ihrer Intimsphäre beeinträchtigt vorkommen. Das Vertrauensverhältnis kann gestört werden, und damit beraubt man sich einer entscheidenden Möglichkeit, dem Kind zu helfen.

Ist der Erziehungsberater vorher angekündigt, so besteht die Gefahr, daß «vorbereitet» und damit der Zweck des Besuches, nämlich einen unbefangenen Eindruck zu gewinnen, verfehlt wird. Kaffee und Kuchen werden gereicht, der Erziehungsberater wird in die Rolle des «guten Bekannten» gedrängt. Damit verringert sich die erforderliche Distanz, die bei aller Zuwendung bestehen muß, um beraten zu können. Bei der Vertrautheit, die so entsteht, kann man das Notwendige nicht in der Härte sagen, die gelegentlich erforderlich ist. Eine weitere Schwierigkeit besteht darin, daß unter Umständen über das vorzustellende Kind in seinem Beisein oder in Gegenwart von Geschwistern gesprochen wird.

Auf Kinder und vor allem Jugendliche, die vielleicht ein wenig später zu einer Behandlung in die Erziehungsberatung kommen, kann ein solcher Besuch recht ungünstig wirken, besonders auch, weil bei ihnen leicht der Eindruck entsteht, daß der Erziehungsberater die Partei der Eltern ergreift, sich zu ihrem Verbündeten macht, gegebenenfalls sogar als zusätzlicher Feind empfunden wird.

Man muß auch bedenken, daß es nicht darauf ankommt, die Umwelt des Kindes mit den Augen des Erziehungsberaters zu sehen. Wir müssen im Gespräch erkennen, welchen Einfluß sie auf die Familie, besonders die Mutter und damit auf das Kind hat. So ist es z. B. unwichtig, ob der Erziehungsberater eine Wohnung als klein und ärmlich eingerichtet empfindet. Wichtig ist, ob sich die Mutter darin wohlfühlt, ob sie glücklich über diese «eigenen vier Wände» ist – vielleicht nach einem langen Aufenthalt bei den Schwiegereltern – oder ob die Mutter meint, in dieser Wohnung «unter ihrem Stand» untergebracht zu sein. Die Haltung der Mutter zu einer vergleichsweise ärmlichen Wohnung macht diese erst zu einer spezifischen Umwelt für das Kind.

III. KAPITEL

DAS ANAMNESESCHEMA

Das anschließend aufgeführte Anamneseschema ist zweigeteilt. Es gliedert sich in:
1. Allgemeine Fragen,
   d. h. die Daten, die üblicherweise in jeder Anamnese erhoben werden müssen, ganz gleich, mit welchen Symptomen oder welcher Fragestellung das Kind vorgestellt wird;
2. Spezielle Fragen,
   das sind solche Fragen, die man nur bei einer bestimmten Symptomatik stellen wird oder dann, wenn man eine bestimmte Verursachung der Schwierigkeiten vermutet.

Die speziellen Fragen werden immer dann in die allgemeine Anamnese eingeschoben, wenn sie sich sinnvoll einfügen. Es sind nur *jene* Symptome und möglichen Verursachungen aufgeführt, die besonders häufig in einer Erziehungsberatung auftreten, bzw. die besonders gezielter Nachfragen bedürfen. Es dürfte ohnehin nicht möglich sein, *alle* jemals möglichen und notwendigen Fragen in einem Anamneseschema zu vereinigen.

Bei den «speziellen Fragen» sind solche Fragen zumeist nicht wiederholt, die zwar zu einem umrissenen Gebiet gehören, aber ohnehin schon in den allgemeinen Anamnesefragen enthalten sind.

Die allgemeinen Fragen werden im Schema in einer Reihenfolge geboten, die sich für eine strukturierte Aufzeichnung und Auswertung als geeignet erwiesen hat. Diese Reihenfolge ist aber für die Erhebung nicht verbindlich oder auch nur in jedem Fall empfehlenswert. Ein Gespräch läßt sich nie so weitgehend einengen, daß für alle vorkommenden Fälle eine unverrückbare Reihenfolge der Fragen festgelegt werden könnte.

Innerhalb der einzelnen Unterpunkte sind die Fragen so aufgezeichnet, daß sie auch in dieser Reihenfolge gestellt werden können. Es wird versucht, das gesamte Anamneseschema so aufzubauen, daß es eine möglichst gute Gedächtnisstütze für die frei zu erhebende Anamnese bietet.

Die Fragen sind häufig nicht so formuliert, daß sie im angegebenen Wortlaut an die Mutter gerichtet werden können. Oft wird nur kurz der Inhalt angegeben.

In jeder Anamnese werden die Fragen neu formuliert werden müssen, unter anderem auch im Hinblick auf den Bildungsstand der Mutter. Die mit einem * bezeichneten Fragen sind in keinem Fall geeignet, in dieser Weise wörtlich gestellt zu werden, sondern sie müssen meistens aus dem Gesamtzusammenhang der Aussagen der Mutter erschlossen werden. Dasselbe gilt für den ganzen Abschnitt, wenn am Anfang und am Schluß ein * steht.

Die einzelnen Fragen z. B. nach der Art, wie beim Abstillen vorgegangen wurde, dem Alter, an dem die Reinlichkeitserziehung beendet war, nach den Zärtlichkeitsbedürfnissen des Kindes werden keineswegs nur gestellt, weil diese Fakten über die Entwicklung des Kindes benötigt werden, sondern ebenso, weil bei der Beantwortung dieser Fragen viel von den Erziehungshaltungen, Einstellungen, Erwartungen, Strafen der Mütter deutlich wird; und zwar sehr viel mehr, als wenn man direkt danach fragte.

Die speziellen Fragen sollen nicht nur eine Hilfe für die Erhebung, sondern auch schon für die Auswertung sein und sind im Hinblick darauf auch abgefaßt.

Die einzelnen Fragen ergeben sich aus einem Wissen um die Verursachung psychischer Störungen und dem Wissen um die Folgen bestimmter Erziehungshaltungen, wie sie in etwa Allgemeingut der heutigen Psychologie sind. Entwicklungs- und Persönlichkeitspsychologie, Tiefenpsychologie, Psychiatrie, Kinderheilkunde und Heilpädagogik sind berücksichtigt.

Es soll in dieser praktischen Einführung zur Erhebung der Anamnese nicht diskutiert werden, warum jeweils jede einzelne Frage in dem betreffenden Zusammenhang gestellt wurde. Diese Diskussion – so wichtig sie wäre – würde den Rahmen dieser kleinen praktischen Einführung sprengen, sie muß einem Lehrbuch der klinischen Psychologie vorbehalten bleiben.

Zu dem Anamneseschema selbst sind noch vier Vorbemerkungen zu machen:
1. Das Anamneseschema ist für die schriftliche Fixierung geordnet, nicht allein für die praktische Erhebung. Daher sind zwischen die Fragen gelegentlich Erläuterungen eingefügt.
2. Einzelheiten für die Arbeit mit den nachfolgenden Fragen werden später (S. 52) mitgeteilt; sie sind leichter zu besprechen, wenn das Schema bekannt ist.
3. Immer dann, wenn es sich um Eigenschaften oder Verhaltensweisen eines Kindes handelt, die noch zum Zeitpunkt der Vorstellung anzutreffen sind, werden die Fragen im Präsens gestellt.
4. Vor Beginn der Anamnese wird festgehalten:
Wann (Datum), mit wem (z.B. Mutter des Kindes, Vater, Stiefmutter, Heimerzieherin), durch wen wurde die Anamnese erhoben?

1. ALLGEMEINE FRAGEN

a) GRUND DER VORSTELLUNG

Name und Alter des Kindes?
Wer hat die Vorstellung in der EB angeregt?
Welche Sorgen haben Sie mit Ihrem Kind? (bzw. mit welcher Frage stellen Sie uns Ihr Kind vor?)

Wann sind die Schwierigkeiten erstmalig aufgetreten?
In welchem Zusammenhang? Unter welchen Begleitumständen?
Was wurde dagegen unternommen?
Traten Besserungen oder Verschlechterungen ein? Unter welchen Bedingungen?
Wie reagierten das Kind und seine Umgebung auf die Schwierigkeiten?[1]
Wurde das Kind aus den genannten Gründen schon einer anderen Institution vorgestellt? Mit welchem Ergebnis? Welche Maßnahmen wurden angeregt und durchgeführt?
(Sind diese Ausführungen sehr umfangreich, werden sie besser nicht unter a) Grund der Vorstellung, sondern unter d) Biographie behandelt.)

Zuerst werden die Schwierigkeiten, Symptome oder Fragen aufgeführt, die von den Eltern und (oder) anderen Erziehungspersonen spontan angegeben wurden. Es folgen in der schriftlich fixierten Anamnese die Aufzeichnungen der Symptome und Schwierigkeiten, die sich erst im Verlauf der Anamnese ergeben, weil sie der Mutter nicht sogleich eingefallen sind, von der Mutter zuerst bewußt verschwiegen wurden (z. B. Bettnässen), von der Mutter nicht als solche empfunden wurden und nur dem Erziehungsberater bedeutungsvoll erscheinen (z. B. Übergefügigkeit).

Es muß erwähnt werden, ob die Symptome und Schwierigkeiten spontan von den Eltern angegeben wurden, oder ob sie vom Psychologen nur erschlossen werden. Wenn Punkt a) sehr lang und ausführlich geworden ist, empfiehlt es sich, am Schluß die Fragestellung nochmals kurz zusammenzufassen.

b) WOHNORTE UND ÄUSSERER LEBENSRAHMEN

Die Angaben zu diesem Punkt sollen nur einer kurzen Orientierung dienen und ein besseres Verständnis der Biographie ermöglichen.

Wo ist das Kind geboren?
Wo lebte es in den folgenden Jahren bis zur Anmeldung?
In welchen Städten?
Bei der eigenen Familie oder in Pflegestellen, Heimen? (Dauer der Aufenthalte?)
Wie waren Größe und Beschaffenheit der Wohnungen der Familie, Wohngegend, Spielmöglichkeit?
Hatte das Kind ein eigenes Zimmer? Von welchem Alter an?
Anzahl und Alter der Familienangehörigen?
Namen, Alter, Schul- und Berufsart der Geschwister?
Gab es Veränderungen in der Familie, die zu einem Wechsel in der Betreuung des Kindes führten, wie Krankheiten der Eltern, Getrenntleben der Eltern, Berufstätigkeit der Mutter, Todesfälle?
Wer betreute das Kind? Großeltern, Hausangestellte?
War es jemals in einem Krankenhaus?
Erlebte es Flucht oder Evakuierung mit?
Welchen Beruf hat der Vater? (die Mutter?)
* Wie sind die wirtschaftlichen Verhältnisse der Familie?

---

[1] Diese Fragen gehören nicht notwendig zu jeder Anamnese, da des öfteren Kinder nicht wegen bestimmter Symptome vorgestellt werden (z. B. Fragen nach der Schulreife, dem Oberschulübergang, der Einweisung in eine Pflegefamilie).

c) KRANKHEITEN

Hierher gehören alle Krankheiten, die das Kind bis zur Vorstellung durchgemacht hat. Sie werden am besten chronologisch geordnet. Weiter sollen körperliche Gebrechen und eine eindeutig auffällige körperliche Konstitution festgehalten werden.

Man fragt am besten in Lebensabschnitten (und so, daß es für die Mutter eine Gedächtnisstütze darstellt).

War das Kind im ersten Lebensjahr krank?
Erkrankte es in der frühen Kindheit? Im Schul- und Jugendalter?
Machte es die üblichen Kinderkrankheiten durch?
Hatte es jemals einen Unfall, oder Krämpfe?
War das Kind schon ein- oder mehrmals im Krankenhaus, weshalb und wie lange?
Wurde es bereits einem Facharzt vorgestellt?
Welchen Bescheid erhielten die Eltern von den Ärzten?
War nach irgendeiner Krankheit eine erhebliche Schwächung des Kindes, eine Verlangsamung der körperlichen Entwicklung oder eine auffällige seelische Veränderung zu bemerken?
Hat das Kind irgendwelche körperlichen Auffälligkeiten, Gebrechen? (z. B. Augen, Ohren, Motorik?)
Ist das Kind gegenüber Krankheiten anfällig? Oder ist es eher robust?
Wie ist der Schlaf des Kindes?
Hat es bestimmte Schlafgewohnheiten?

d) BIOGRAPHIE

Die Biographie umfaßt die vollständige Entwicklung des Kindes in ihrer Verflochtenheit mit der Umwelt sowie eine Beschreibung des augenblicklichen Zustandsbildes, wie es durch den Bericht des Erziehers deutlich wird.

Innerhalb der schriftlich fixierten Biographie werden die einzelnen Fragenkomplexe besser nicht durch Überschriften herausgehoben, da hierdurch der Zusammenhang des Ganzen leiden könnte. Eine Gliederung läßt sich durch Aufteilung in Abschnitte und durch Unterstreichungen erreichen.

Die hier angegebene Reihenfolge kann im Einzelfall geändert werden.

Schwangerschaft und Geburt

Welche Einstellung hatten die Eltern zum erwarteten Kind?
* War das Kind erwünscht oder unerwünscht?
Welches Geschlecht wünschten sich die Eltern?
Wie fühlte sich die Mutter während der Schwangerschaft?
Welche Gefühle hatte die Mutter, als sie zuerst merkte, daß sie mit *diesem* Kind schwanger war? und der Vater?
War es günstig oder ungünstig, gerade zu diesem Zeitpunkt ein Kindchen zu haben?
Hatte sie besondere Beschwerden?
Die wievielte Schwangerschaft der Mutter, Krankheiten während der Schwangerschaft, Dauer der Schwangerschaft?
Wie alt waren die Eltern bei der Geburt des Kindes?
* Ehekonstellation zur Zeit der Geburt?

Wie lange dauerte die Geburt?
Traten besondere Komplikationen auf?
Hat das Kind gleich geatmet und geschrien?
Wie waren Größe und Gewicht des Kindes?
Zeigte es besondere Auffälligkeiten gleich nach der Geburt?
Dauer des Klinikaufenthaltes?

Erstes Lebensjahr allgemein

Wie war die Temperamentslage des Kindes?
War es ruhig, oder hat es viel geschrien?
Wann bekam es die ersten Zähne, und wie verlief das Zahnen?
Wann konnte es sitzen, krabbeln, stehen, laufen?
War es ängstlich bei den ersten Steh- und Laufversuchen?
Hat es gefremdet? Wann und wie stark?
Wer sorgte für das Kind?

Orale Entwicklung

Wurde das Kind gestillt? Wie lange?
Gab es Entwöhnungsschwierigkeiten?
Wie hat das Kind früher gegessen?
Sind Ernährungsstörungen vorgekommen?
Wie ißt es heute? Tischmanieren?
Hat es Lieblingsspeisen oder abgelehnte Speisen?
Bevorzugt es Süßes?
Hat es an Fingern oder am Daumen gelutscht? Wie lange?
Besaß es einen Schnuller oder ein Äquivalent (z. B. Stoffzipfel)?
Hat es Nägel gekaut?
Wie wurde versucht, ihm diese Verhaltensweisen abzugewöhnen?

Sprachentwicklung

Wann begann das Kind zu sprechen?
Wann sprach es Zwei-Wort-Sätze?
Wann war seine Sprache voll verständlich?
Hat es jemals Sprachschwierigkeiten gegeben wie zu lange andauernde Kindersprache, Stammeln, Lispeln, Stottern?

Reinlichkeit

Wann wurde mit der Reinlichkeitserziehung begonnen?
Wie wurde sie durchgeführt?
Wann war das Kind sauber? tags? nachts?
Wann war das Kind trocken? tags? nachts?
Hat es Rückfälle gegeben?
Wie verhielt sich die Mutter bei Rückfällen?
Unter welchen Umständen traten sie auf?
Durfte das Kind sich schmutzig machen, oder wurde es dafür bestraft?
Wie verhielt sich das Kind Schmutzigem gegenüber?

Auseinandersetzung mit den Mitmenschen

Kann es hergeben, schenken?
Sein Eigentum behalten und verteidigen?
Sind Naschen und Stehlen vorgekommen?
Hat das Kind getrotzt?

In welchem Alter hat der Trotz begonnen, und wann hörte er wieder auf bzw. blieb er bestehen?
Wie äußerte sich der Trotz?
Wie reagierte die Umwelt darauf?
Wie verlief das Trotzalter bei den Geschwistern?
Kann das Kind nachgeben, oder versucht es, seinen Willen durchzusetzen?
Wie geht das Kind auf die Welt zu?
Entwickelt es eigene Initiative?
Ist es sehr aggressiv, zerstörungslustig?
Kann es sich gegen Erwachsene, gegen Kinder durchsetzen?
Leidet es unter Ängsten? Pavor nocturnus?

Zärtlichkeit und Sexualität

Ist das Kind zärtlich, besonders liebebedürftig?
Kann es schmusen?
Geht es selbst auf die Eltern zu, oder wartet es auf sie?
Besteht eine stärkere Bindung an einen Elternteil?
An welchen? Zu welcher Zeit bestand sie?
Sind sexuelle Spielereien vorgekommen bzw. werden sie vermutet?
Mit anderen Kindern oder allein?
Von größeren Kindern oder Erwachsenen verführt?
Wie haben die Eltern darauf reagiert?
Ist das Kind sexuell aufgeklärt?
In welcher Weise und wie weit?
Wie beantworten die Eltern Fragen des Kindes hierzu?

Frühe Kindheit allgemein

Konnte das Kind spielen? Wo? Mit wem?
Hatte es Spielmaterial? Genügend? Welches?
Konnte es sich allein beschäftigen?
Hat das Kind Freunde?
Besuchte es einen Kindergarten? In welchem Alter? Wie lange?
Wie lautet die Beurteilung der Kindergärtnerin?
* Wurde das Kind zur Selbständigkeit erzogen?
Wurde schon früh Selbständigkeit von ihm verlangt?
Ist das Kind mit diesen Forderungen fertig geworden?
Wie reagierte es auf die Geburt von Geschwistern?
Welches Verhältnis hat es zu seinen Geschwistern?

Einschulung

Wie alt war das Kind bei der Einschulung?
Welche Einstellung hatte das Kind vorher zur Schule?
Wie verhielt es sich am ersten Schultag, in den ersten Wochen?
Wie urteilte der Lehrer?
Traten Schwierigkeiten auf? In welchen Fächern?
Mit welcher Methode wurde das Rechtschreiben erlernt, erst Wörter und kleine Sätze, oder erst nur Buchstaben?

Schulalter

Welche Schulen und Klassen durchlaufen?
Wie waren die Leistungen? Zeugnisnoten?

Mußte das Kind längere Zeit dem Unterricht fernbleiben? Weshalb?
Blieb das Kind sitzen, einmal, mehrmals, weshalb?
Name der jetzigen Schule, Klasse, Klassenlehrer?
Macht das Kind seine Schularbeiten allein, oder wird es beaufsichtigt? Durch wen?
Wieviel Zeit braucht es für die Aufgaben?
Hat es einen geeigneten Arbeitsplatz? Störungen (Geschwister, Radio, Fernsehen)?
Wie ist sein Arbeitsverhalten?
Haben die Eltern Verbindung mit der Schule?
Welche Lieblingsfächer hat das Kind?
Welche lehnt es ab? Aus welchem Grund?
Wie ist seine Haltung den Lehrern gegenüber?
Geht das Kind gern zur Schule oder nicht, weshalb?
Wie urteilt der Lehrer heute über das Kind?
Wie reagiert das Kind auf schlechte Noten und Zeugnisse?
Wie verhalten sich die Eltern dazu?
Wurde der Übergang auf eine höhere Schule versucht? Auf welche?
Bestand das Kind die Aufnahmeprüfung?
Gab es Schwierigkeiten?
Welche Einstellung hat das Kind zu Religion und Kirche?
Ist es im Beicht-, Kommunion- oder Konfirmationsunterricht?
Wie verhielt es sich am Tage der Erstkommunion oder Konfirmation?
* Wie steht es mit seiner Gewissensentfaltung?
Ist es wahrheitsliebend, ehrlich, oder wurde es öfter bei Lügen ertappt? Unter welchen Umständen?
Wie reagierten die Eltern auf das Lügen?
Ist es gehorsam, willig?
Wie geht es auf Anordnungen ein?
Wird das Kind zu häuslichen Arbeiten herangezogen?
Hat es regelmäßige Pflichten, gern oder ungern erledigt?
Erhält es Taschengeld?
Seit wann, und wieviel?
Kann es frei darüber verfügen, oder muß es abrechnen?
Was kauft es dafür?
Welche Freizeitbeschäftigung liebt es?
Ist es lieber drinnen oder draußen?
Hat es besondere Interessen wie Lesen, Basteln, Sport?
Sammelt es irgend etwas?
Ist es in einem Jugendverband oder Sportverein, in welchem?
Ist das Kind schon verreist? Wohin? Mit wem, oder allein?
Wie verhielt es sich außerhalb der eigenen Familie?
War es schon in einem Lager oder auf Fahrt?

Pubertät

Wie weit ist die geschlechtliche Entwicklung des Jugendlichen? (Stimmbruch, erste Pollution, Menarche?)
* Wie ist die Einstellung zum eigenen Geschlecht?
Ist er (sie) voll aufgeklärt? Durch wen?
Wie hat er (sie) darauf reagiert?
Bestehen schon Beziehungen zum anderen Geschlecht?
Hat er (sie) schon einen Beruf gewählt, oder welche Pläne hat er (sie)?
Wie sind die Pläne der Eltern?
Hat er (sie) Schwierigkeiten im Beruf? Welche?

* Hat der Jugendliche Ideale?
Stimmen sie mit den elterlichen Normen überein, oder weichen sie sehr ab?

Augenblickliche Situation

Wie ist der Tagesablauf des Kindes (mit Einzelheiten)?
* Wie schildert die Mutter das Kind bzw. den Jugendlichen?
Wie sind seine allgemeinen Stimmungs- und Gefühlseigenschaften, sein Temperament, sein Charakter?
Hat es besondere Eigenheiten, Gewohnheiten?

e) FAMILIENSITUATION UND UMWELTBEZIEHUNGEN

Hier zieht der Erziehungsberater schon Schlüsse und macht sich ein eigenes Bild von der Familiensituation, in der das Kind lebt, von den Erziehungshaltungen der Eltern und den Normen, die sie (ob bewußt oder unbewußt) für verbindlich halten.

* Wie ist der Lebensstil, die Atmosphäre des Elternhauses?
Welcher Ton herrscht in der Familie?
Wie ist das Verhältnis der Eltern zueinander?
Dominiert ein Elternteil? Welcher?
Wie stehen die Geschwister zueinander?
Wie verhalten sich die Eltern zu den Geschwistern des Kindes?
Wie ist die Erziehungshaltung dem Kind gegenüber?
Wird es wenig, ausreichend oder übertrieben beaufsichtigt?
Wird es verwöhnt oder vernachlässigt?
Wird es den anderen Geschwistern gleichgestellt?
Welche Erziehungsmittel, welche Arten des Lobes und welche Strafen wenden die Eltern an?
Stimmen die Eltern in Erziehungsfragen überein?
Beschäftigen sich die Eltern mit dem Kind?
* Welche Hoffnungen, Erwartungen, Befürchtungen haben die Eltern für das Kind?

Falls die Erhebung der Biographie nicht genügend Daten über die Familiensituation gebracht hat, die Mütter also nicht spontan darüber berichteten, muß man spezielle Fragen stellen, um dieses Thema zu klären.

Man kann die Mutter bitten, einmal einen typischen «Fehltritt» ihres Kindes in allen Einzelheiten zu schildern. Es ist am besten, wenn über ein ganz konkretes Ereignis berichtet wird, das erst kurze Zeit zurückliegt. Wodurch wurde das Ereignis ausgelöst? Wie reagierten die Eltern? Wie war daraufhin die Reaktion des Kindes?

Oder aber man stellt einige der nachfolgenden Fragen.

Glaubt die Mutter, daß man Säuglinge schreien lassen muß, weil sie sonst verwöhnt werden, oder hat sie Sorge, wenn der Säugling länger schreit?
Findet die Mutter Babies besonders nett, oder zieht sie ältere Kinder vor, findet sie sie interessanter?
Hat die Mutter Zeit, mit dem Kind zu spielen, zu basteln?
Erwartet die Mutter, daß das Kind sofort kommt, wenn sie es ruft, oder glaubt sie, Kinder müssen nicht gleich kommen?

Was tut die Mutter, wenn das Kind ganz offensichtlich ungehorsam ist? Was tut sie, wenn es besonders brav ist?
Wie handelt die Mutter, wenn die Geschwister sich zanken?
Wie oft wurde das Kind etwa in den letzten zwei Wochen geschlagen? Und wie oft, als es klein war?
Nützt es etwas, das Kind zu schlagen? Welche Wirkung hat es?
Wie oft droht die Mutter dem Kind Strafe an? Welche?
Wie oft kann sie diese dann nicht durchhalten?
Wenn bestimmte Anordnungen oder Strafen durchzuführen sind, wer tut es, Vater oder Mutter?
Wie weit stimmen Mutter und Vater in ihren Erziehungsansichten und -maßnahmen überein?
Half der Vater jemals bei der Sorge für das Kind (Windeln wechseln, Füttern, zur Schule bringen)?
Was tun Vater und Kind zusammen?
Was gefällt der Mutter besonders an dem Kind? Und womit geht es der Mutter besonders auf die Nerven?
Wieviel Aufmerksamkeit erwartet das Kind von der Mutter, vom Vater?
Zeigen Mutter und Kind sich ihre Gefühle oder sind sie recht verschlossen?
Findet die Mutter, daß das Kind mehr nach ihr oder nach dem Vater schlägt? Was wünscht die Mutter mehr?

Hier ist auch – falls notwendig – anzuführen, ob die Eltern getrennt leben, geschieden sind, eventuell wie das Verhältnis zu Stiefvater oder -mutter, Stiefgeschwistern ist. Ob und auf welche Weise andere Personen (z. B. Großeltern) in die Erziehung eingreifen.

Wie verhält sich das Kind zur Welt draußen?
Hat es Kameraden? Freunde?
Zeigt es ihnen gegenüber mehr dominante Züge, oder ordnet es sich unter?
Bestehen engere Beziehungen zu Erwachsenen außerhalb der eigenen Familie? Zu welchen und in welcher Weise?

f) FAMILIENANAMNESE

Für beide Eltern (Vater, Mutter) und für alle vier Großeltern (Vater des Vaters, Mutter des Vaters, Vater der Mutter, Mutter der Mutter) ist getrennt zu erfragen:

Geburtsjahr, Todesjahr, Todesursache?
Ausbildung und Beruf?
Welche Lieblingsbeschäftigungen?
Haben sie besondere Krankheiten durchgemacht?
Anzahl, Alter und Beruf der Geschwister des Vaters, der Mutter?
Traten Symptome und Schwierigkeiten des Kindes schon bei einem anderen Familienmitglied auf? Bei den eigenen Geschwistern?
Bei den Kindern der Geschwister der Eltern?
Unter welchen Bedingungen?
Gibt es in der Familie auffällige Krankheiten, Abnormitäten?

Vor allem bei neurotisch gestörten Kindern ist es notwendig, auch die Kindheitsentwicklung der Eltern und deren Erziehungsmilieu zu erfragen (siehe spezielle Fragen).

g) EINDRUCK VON DER MUTTER

(hier geht es um den *persönlichen* (ersten) Eindruck)

Welchen Eindruck hat der Erziehungsberater von der Mutter (allgemeine Charakterisierung)?
Wie ist ihr Aussehen, ihr Auftreten?
Wie ist ihr allgemeines geistiges Niveau?
Scheinen ihre Aussagen verläßlich? War sie suggestibel, bestimmt?
Besteht ein guter Kontakt zwischen dem Erziehungsberater und der Mutter?
Wie war das Verhältnis?
Kam der Kontakt sofort zustande oder erst im Verlauf der Anamnese?
Wie reagierte der Erziehungsberater gefühlsmäßig auf die Mutter?

2. SPEZIELLE FRAGEN

Bei den speziellen Fragen gehen wir von zwei Gesichtspunkten aus. Wir fragen
1. nach dem Symptom (bzw. nach bestimmten Schwierigkeiten, Verhaltensabweichungen),
2. nach der Verursachung.

Die folgenden Schemata sind auf die Erfassung einzelner Symptome oder einzelner Verursachungen oder von Gruppen miteinander verwandter Symptome oder Verursachungen gerichtet. Eine solche Trennung ist nur aus methodischen Gründen durchgeführt worden. In der Praxis finden wir häufig Symptome verschiedenster Art beieinander, denen eine oder auch mehrere Ursachen zugrunde liegen können.

Fragen, die bereits unter «Allgemeine Fragen» aufgeführt sind, wurden möglichst nicht wiederholt. Bei den einzelnen Symptomen wurde zumeist nicht angegeben, wodurch sie verursacht sein könnten (z. B. mögliche Verursachungen von Kontaktstörungen durch Schizoidie, Hospitalschaden, neurotische Entwicklung, strukturelle Verwahrlosung), weil dafür zu viele Verweisungen notwendig geworden wären. Der Erziehungsberater muß diese aus seiner theoretischen Kenntnis jeweils selbst erschließen.

Die unter «Spezielle Fragen» aufgenommenen Symptome und Verursachungen machen etwa zwei Drittel der Schwierigkeiten und Verursachungen aus, mit denen Kinder in der Erziehungsberatung vorgestellt werden bzw. die bei ihnen diagnostiziert werden.

Die Schemata enthalten nicht nur Fragen, die an die Mutter gerichtet werden können, sondern auch solche, die der Erziehungsberater sich selbst stellen mag, d.h. deren Beantwortung mehr aus dem Gesamtzusammenhang der Aussagen der Mutter erschlossen werden muß. Sie sollen ihm eine Hilfe sein, zu einer Diagnose zu gelangen. Manche Fragen werden auch erst für die Untersuchung wichtig.

a) EINNÄSSEN UND EINKOTEN

Zur Art der Symptomatik

Einnässen

Ist das Kind schon einmal trocken gewesen?
Oder hat es immer eingenäßt?
Wenn es schon trocken war, wann hat es wieder begonnen, einzunässen?
Kann der Beginn des Einnässens mit einem besonderen Ereignis im Leben des Kindes in Beziehung gesetzt werden?
Wann näßt das Kind ein?
Nachts? Tagsüber? Wieviel? Wie häufig?
Um welche Zeit? Zum Beispiel abends kurz nach dem Einschlafen, oder morgens kurz vor dem Aufwachen?

Einkoten

Wann und wie oft kotet das Kind ein?
Nachts? Tagsüber?
Verliert es größere oder nur kleinere Mengen Kot?

Zur Ausschließung körperlicher Krankheiten

Ist das Kind schon von einem Arzt untersucht worden?
Was wurde festgestellt?
Welche Behandlungsmaßnahmen wurden ausgeführt?
Kommt das Einnässen nur in Verbindung mit Krankheiten des Kindes vor? Zum Beispiel bei Erkältungen?
Ist es überhaupt anfällig für Erkältungskrankheiten?
Schläft das Kind in einem sehr kalten Raum?
Haben Sie vielleicht bemerkt, daß das Kind nach nächtlichem Einnässen tagsüber sehr abgeschlagen und müde war?
(Wenn Verdacht auf eine epileptische Erkrankung, siehe Fragen zu Anfallsleiden.)

Zur Feststellung von störenden Faktoren in der Entwicklung des Kindes

* Hat das Kind an einem auffallenden Mangel an Geborgenheit und Sicherheit gelitten?
* War die Mutter-Kind-Beziehung besonders während der Phase der Reinlichkeitserziehung gestört?
Hat die Reinlichkeitserziehung einen ungünstigen Verlauf genommen?
Zusätzlich zu den Fragen zur allgemeinen Anamnese ist hier noch zu fragen:
Hat die Mutter das Kind oft im Halbschlaf aufgenommen und sein Geschäftchen verrichten lassen?
Hat sie es oft lange auf dem Topf sitzen lassen?
Wurde das Kind bei Rückfällen sehr beschämt und bestraft?
Welche Art der Strafen wurde angewandt?
Wurden Erfolge anerkannt und gelobt?
Wie reagierte das Kind auf Rückfälle?
War es beschämt, niedergeschlagen, gleichgültig oder trotzig?
Wie ist die Situation heute?
Leidet das Kind unter dem Symptom?
Was wurde bisher dagegen unternommen?
Hatte das Kind Gelegenheit, sich schmutzig zu machen?

Durfte es sich schmutzig machen, oder wurde es von der Mutter sehr zur Sauberkeit angehalten?
Hatte das Kind Freude am Schmieren, oder bemühte es sich selbst um Sauberkeit?
* Hat die Besitzthematik für das Kind oder für die Familie eine besondere Bedeutung?
* Wurden und werden an das Kind zu große Forderungen gestellt?
* Spielt der Leistungsehrgeiz eine große Rolle in der Familie?

b) SPRACH- UND SPRECHSTÖRUNGEN

Zur Art der Symptomatik

Bei Hörstörungen

Klingt das Sprechen rhythmisch verzerrt?
Spricht das Kind langsam, angestrengt, mit übertriebenen Mundbewegungen?
Liegt seine Stimme sehr hoch oder sehr tief?

Bei Hörstummheit (für Kinder über drei Jahre)

Spricht das Kind noch gar nicht, obwohl es zu hören scheint, und macht es sich nur durch Gebärden verständlich (obwohl es etwa altersgemäß entwickelt ist)?

Stammeln (nach dem fünften Lebensjahr)

Läßt das Kind bestimmte Laute aus, und/oder ersetzt es bestimmte Laute durch andere?

Lispeln

Kann das Kind s-Laute nicht aussprechen?
Stößt es mit der Zunge an?

Poltern

Klingt die Sprache des Kindes verwaschen?
Werden Silben und Laute untereinander vertauscht, verschluckt, so daß die Wörter verstümmelt klingen?
Klingt sein Sprechen überstürzt, eilig?
Verschwindet die Störung, wenn das Kind sich bemüht, deutlich zu sprechen?

Stottern

Stottert das Kind?
Wiederholt es krampfhaft die ersten Laute oder die ersten Silben der Wörter, der Sätze?
Stottert das Kind so schwer, so daß es kein Wort herausbekommt?
Grimassiert es dabei, macht es Bewegungen mit Schultern und Armen, oder stampft mit den Füßen auf?
Stottert es immer oder nur in bestimmten Situationen?
Stottert es bei allen oder nur bei bestimmten Personen?
Was wurde bisher gegen das Stottern unternommen?
Weisen die Eltern das Kind oft auf die Störung hin (auch im Guten)?
Ermahnen Sie es, langsam und deutlich zu sprechen?
Hat das Kind schon einmal Sprachheilübungen gemacht?
Wie reagiert das Kind auf das Stottern?
Ist es gehemmt, schüchtern, scheu in seinem Auftreten?

Ist es empfindsam, weich, sehr anhänglich?
Wagt es kaum zu sprechen?
Oder scheint es durch seine Sprechstörung nicht sehr bekümmert zu sein?

Zur Sprachentwicklung

Hat das Kind als Säugling häufig und viel gelallt?
Wann sprach das Kind die ersten einzelnen Worte?
Wann sprach es kleine Sätze?
Sprach es zuerst sehr undeutlich und schwer verständlich?
Wie ist sein Wortschatz?
Hat die Mutter viel mit dem Kind gesprochen?

Zur Feststellung körperlicher Störungsursachen

Hört das Kind normal?
Hat es Ohrenerkrankungen gehabt?
Hat es eine Zahnlücken- oder eine auffällige Zahn- oder Kieferstellung?
Hat es eine Gaumenspalte?
Ist das Kind schon auf eine zu große Rachenmandel (sogenannte Polypen) untersucht worden? Wurde es bereits einem Hals-, Nasen-, Ohrenarzt vorgestellt?
Ursache einer Sprachstörung kann auch ein organischer Hirnschaden sein. Siehe Fragen hierzu.

Zur Feststellung konstitutioneller Störungsursachen

Kommen bei dem Kind, den Geschwistern oder anderen Verwandten Sprach- und Sprechstörungen, Epilepsie, Absencen, Enuresis, «Nervosität» vor?
(Weitere Fragen siehe Neuropathie.)

Zur Feststellung psychischer Störungsursachen

Hat sich zu der Zeit, als das Symptom auftrat, ein wichtiges Erlebnis für das Kind ereignet? Zum Beispiel
Trennung von der Mutter?
Trennung von zu Hause?
Geburt eines Geschwisterchens?
Unfall oder schwere Krankheit?
Änderung der Familiensituation?
Wird oder wurde das Kind wegen seiner Sprachstörung gehänselt?

c) SEXUELLE AUFFÄLLIGKEITEN

Zur Art der Symptomatik

Ist das Kind (oder der Jugendliche) an sexuellen Spielereien mit anderen Kindern oder Jugendlichen beteiligt gewesen?
In welchem Alter?
Was ist vorgegangen?
Waren Kinder (Jugendliche) des gleichen oder des anderen Geschlechts beteiligt?
Ist es *einmal* vorgekommen, oder zogen sich die Geschehnisse über längere Zeit hin?
Unter welchen Umständen sind die Spielereien vorgekommen? (Spiel, Schule, Internat, Bande?)
Lag die Initiative bei dem Kind, oder ist es von anderen dazu angehalten worden?

Wie haben die Eltern davon erfahren?
Wie haben sie darauf reagiert?
Ist das Kind (der Jugendliche) von einem Erwachsenen verführt worden?
Ist es einmal oder öfter vorgekommen?
Handelt es sich hier um eine homosexuelle oder eine heterosexuelle Begegnung?
Hat das Kind (der Jugendliche) sich gewehrt, oder war es (er) leicht zu gewinnen?
Hat es den Erwachsenen vielleicht herausgefordert?
Hat es Geld oder Geschenke bekommen?
Hat es davon erzählt? Zu Hause? Anderen Kindern?
War es verstört durch dieses Erlebnis, oder schien es weniger betroffen?
War der beteiligte Erwachsene sehr viel älter?
Bestand vielleicht über längere Zeit eine Bindung an *einen* Erwachsenen?
Onaniert das Kind, ist bemerkt worden, daß es reibende Bewegungen an seinem Geschlechtsteil ausführte?
Geschieht dies vor dem Einschlafen oder beim Aufwachen?
Oder auch tagsüber, in Gegenwart anderer?
Kommt es häufig vor?
Wie hat sich die Umwelt dazu verhalten?
Wurde dem Kind mit Kastration oder Krankheit gedroht?
Wie reagierte das Kind darauf?
Hatte es Schuldgefühle, Ängste?

Zur Feststellung des Entwicklungsstandes des Kindes oder des Jugendlichen

Wie weit ist die geschlechtliche Entwicklung?
Entspricht sie dem Alter des Kindes, oder ist es früh- oder spätentwickelt?
Menstruiert das Mädchen schon?
Wann war die Menarche?
Hat der Junge seine erste Pollution gehabt?
Treten beim Mädchen die sekundären Geschlechtsmerkmale hervor?
Ist es sexuell aufgeweckt?
Kokettiert es mit seinen Reizen?
Hat der Junge eine Freundin?
Das Mädchen einen Freund?
Wie alt sind diese?

Zur Feststellung störender Umwelteinflüsse, die verursachend gewirkt haben können

* Wie ist die Einstellung der Eltern zum Geschlechtlichen überhaupt?
* Haben sie ihre eigene Geschlechtsrolle voll übernommen?
Wird das Geschlechtliche im Elternhaus als etwas betrachtet, über das man nicht sprechen kann und darf?
Ist das Kind sexuell aufgeklärt? Wann?
Wie weit? In welcher Form? Durch wen?
Hat es selbst Fragen gestellt, oder ist die Initiative von den Erwachsenen ausgegangen?
Ist man auf Fragen des Kindes eingegangen, oder hat man sie abgewehrt?
Wurde das Zärtlichkeitsbedürfnis des Kindes befriedigt?
Wurden seine Versuche, zärtlich zu sein, angenommen und erwidert oder abgelehnt?
Ist dem Kind ein Übermaß an Zärtlichkeit zugewandt worden (z. B. bei Söhnen alleinstehender Mütter)?
Ist das Kind ohne den gleichgeschlechtlichen Elternteil aufgewachsen?
* Hat es die Möglichkeit, sich mit Vater oder Mutter zu identifizieren?
Oder wurde es in die andersgeschlechtliche Rolle abgedrängt (Bekleidung, Spielzeug)?

Hatte und hat das Kind Gelegenheit zu spielen?
Wurden Interessen geweckt, oder wurde ihm keine Anregung geboten?
Hatte es Gelegenheit, Kontakt zu anderen aufzunehmen?
Wie ist die Wohnsituation der Familie?
Bis wann hat das Kind im Schlafzimmer der Eltern geschlafen?
* Hat das Kind schon den elterlichen Geschlechtsverkehr beobachten können?
Lebt die Familie in einem ungünstigen Milieu (schlechte Wohngegend)?
* Hat es in seinen Eltern oder Geschwistern schlechte Vorbilder?

d) KINDLICHE UNAUFRICHTIGKEITEN

Zur Art der Symptomatik

Angstlügen

Lügt das Kind überwiegend in Drucksituationen?
Zu Hause oder in der Schule?
Lügt es, um drohende Strafen zu vermeiden?
Lügt es auch bei ganz nichtigen Anlässen, wo keine Gefahr droht?
Handelt das Kind durch seine Lügen oft gegen seinen eigenen Vorteil?
Sind die Lügen oft dürftig und leicht durchschaubar?

Betrügen

Machen die Lügen des Kindes den Eindruck des Überlegten, Geplanten?
Hat es Vorteile dadurch?

Phantasielügen

Erzählt das Kind oft überraschende Geschichten?
Scheinen sie völlig aus der Luft gegriffen, oder geht es dabei von einem wahren Kern aus, den es ausschmückt?
Wem erzählt es seine Geschichten vorwiegend?
Wiederholen sich bestimmte Inhalte?
Hat man den Eindruck, daß hinter seinen Erzählungen noch ausgedehntere Phantasien stehen?

Naschen

Was nascht das Kind?
Worauf ist es besonders aus? Nimmt es auch nur Zucker?
Nascht es ständig oder nur zu bestimmten Zeiten?

Stehlen

Was hat das Kind bisher gestohlen?
Hat es die Diebstähle allein oder mit anderen Kindern begangen?
Scheinen sie auf seine Initiative zurückzugehen, oder ist das Kind verführt worden?
Nimmt es Dinge, die es verwenden kann, oder auch Unbrauchbares?
Behält es das Gestohlene allein, oder teilt es mit anderen?
Will es damit vor anderen Kindern glänzen, oder will es sich Freunde gewinnen?
War der Diebstahl raffiniert ausgeführt oder plump und ungeschickt?
Wenn das Kind Geld nimmt, was tut es damit?

Bei der Klärung der möglichen Verursachung der Störungen sind die folgenden Fragen zu berücksichtigen:
* Ist das Kind altersgemäß entwickelt, oder liegt ein Entwicklungsrückstand vor?
Wie ist das Verhältnis des Kindes (und der Familie) zum Besitz?
Ist das Kind sehr geltungsstrebig?
Wie steht es selbst zur Leistung?
Welche Forderungen stellen die Eltern?
Wird das Kind häufig und schwer gestraft?
Steht es in Rivalität mit seinen Geschwistern?
Erhält das Kind die notwendige Anerkennung?

e) SCHULSCHWIERIGKEITEN ALLGEMEINER ART (BEI NICHT-SCHWACHSINNIGEN KINDERN)

Zur Feststellung der Schwierigkeiten allgemein

Bestehen die Schwierigkeiten in allen oder nur in bestimmten Fächern?
In welchen?
Welche Fächer lehnt das Kind ab?
Welche hat es gern?
Wie sind seine Zensuren jetzt?
Wie waren sie vorher?
Wann ist eine Verschlechterung eingetreten?
Mit welcher Lernmethode hat das Kind begonnen? Erst Worte und kleine Sätzchen, dann Zergliederung in Buchstaben (analytisch), oder erst Buchstaben, dann Worte und kleine Sätze (synthetisch)?
Ist es schon einmal sitzengeblieben?

Zur Feststellung, ob das Kind schulreif war

Hatte es die seelisch-soziale Reife?
Ist die Entwicklung des Kindes normal verlaufen?
Oder kamen Verzögerungen vor?
Hat das Kind einen Kindergarten besucht?
Fühlte es sich dort wohl?
Kann es sich längere Zeit mit einem Spiel beschäftigen?
Besitzt es Ausdauer?
Konnte es sich bei der Einschulung allein anziehen?
Konnte es sich gut von der Mutter trennen?
Weinte es an den ersten Tagen in der Schule?
Wollte es nicht hingehen?
Ist es schon aus der Schule weggelaufen?
Konnte das Kind sich an die Ordnung der Schule gewöhnen?
Verstand es die Schulsituation?
Konnte es stillsitzen, oder verließ es seinen Platz, wann es wollte?
Zeigte es Interesse, oder saß es teilnahmslos da?
Zeigte es eine übergroße Anhänglichkeit an die Lehrerin?
Fand es leicht Kontakt zu den anderen Kindern?
Konnte es sich ihnen gegenüber behaupten?
Machte es seine Schulaufgaben?
Brauchte es Hilfe dabei?

Besaß es die geistige Reife?
Konnte es Buchstaben, Wörter abschreiben?
Konnte es sie behalten und wiedererkennen?
Konnte es etwa bis fünf zählen?
War seine Sprache dem Alter entsprechend?
Verfügte es über einen ausreichend großen Wortschatz?
Wie reagierte es auf Fragen des Lehrers?
Konnte es kleine Geschichten behalten und wiedererzählen?

Zur Feststellung möglicher Störungsursachen

Durch die Konstitution des Kindes:

Ist das Kind anfällig für Krankheiten?
Hat es durch Krankheiten häufig die Schule versäumt?
Ist es ein sehr empfindsames Kind?
Ermüdet es leicht?
Fällt es ihm schwer, sich zu konzentrieren?
Ist es leicht ablenkbar?

Durch mangelnde Übereinstimmung zwischen der Begabung des Kindes und den Anforderungen der besuchten Schule:

Hat es in allen Fächern Schwierigkeiten oder nur in einzelnen?
Kam es zu Anfang gut mit?
Wann setzten die Schwierigkeiten ein?

Falls das Kind die höhere Schule besucht:

Hat es die Aufnahmeprüfung beim ersten Versuch bestanden?
Wünschte das Kind selbst, die höhere Schule zu besuchen?
Haben seine Lehrer in der Volksschule zu- oder abgeraten?
Aus welchen Gründen rieten sie ab?
Welche Schulart besucht das Kind?
Scheint der Schulzweig seiner Begabung zu entsprechen?
Hat das Kind Interesse am weiteren Schulbesuch?
Oder hat es andere Wünsche?

Durch ungünstige Schulbedingungen:

Hat das Kind einen weiten, gefährlichen Schulweg?
Hat es öfter die Schule gewechselt?
Aus welchen Gründen?
Wie oft und zu welchem Zeitpunkt?
Besucht es eine achtklassige Schule?
Wie groß sind die Klassen?
Hat es Schichtunterricht?
Wie steht das Kind zu seinem Lehrer?
Fürchtet es ihn?
Gibt er viele Aufgaben auf?
Werden die Arbeiten in der Schule immer unter Zeitdruck geschrieben?
Werden in jeder Stunde Noten aufgeschrieben?
Teilt der Lehrer viele Strafen aus?
Hat das Kind guten Kontakt zu seinen Mitschülern?
Fühlt es sich vielleicht abgelehnt, z.B. seines Aussehens, seiner Kleidung, körperlicher Gebrechen wegen?

Durch ungünstige Arbeitseigenschaften des Kindes und ungünstige Arbeitsbedingungen:

Ist das Kind im ganzen eher bequem und träge als eifrig?
Gibt es sich von selbst an seine Schulaufgaben, oder muß es dazu ermahnt werden?
Wann werden sie gemacht?
Wie lange braucht es dafür?
Arbeitet es zügig oder mit ständigen Unterbrechungen durch Träumen, Hin- und Herrennen, Spielen?
Bemüht es sich, sie ordentlich zu machen?
Oder will es schnell fertig sein?
Verliert es leicht den Mut, wenn es nicht weiterkommt?
Gibt es dann auf?
Vergißt es öfter die Aufgaben oder unterschlägt sie?
Arbeitet es allein oder mit Hilfe?
Von wem und in welcher Art wird ihm geholfen?
Verläßt das Kind sich auf diese Hilfe?
Hat es schon Nachhilfestunden gehabt?
Wann, wie oft und in welchen Fächern?
Hat das Kind einen Arbeitsraum für sich?
Kann es ungestört arbeiten?
Spielt ständig das Radio? Fernsehen?
Wird das Kind zu häuslichen Arbeiten herangezogen?
Zu welchen?
Hat es feste Pflichten?
Bleibt ihm genügend Zeit zum Spielen?

Durch Überforderung seitens der Eltern:

Sind die Eltern mit Durchschnittszensuren zufrieden?
Oder verlangen sie gute bis sehr gute Leistungen?
Findet das Kind Anerkennung für gute Leistungen?
Wird es für schlechte Noten gestraft?
In welcher Art?
Werden dem Kind ständig Geschwister oder andere Kinder mit besseren Leistungen als Vorbild vorgehalten?
Werden seine Leistungen ständig mit denen der Eltern verglichen?
Haben die Eltern bestimmte Pläne für das Kind?
Beaufsichtigen Sie ständig seine Schulaufgaben?
Muß es seine Aufgaben neu machen, wenn sie fehlerhaft oder unordentlich sind?
Ziehen sich die Aufgaben darum oft über mehrere Stunden hin?
Verlangen die Eltern, daß das Kind schon vorlernt, wenn es seine Aufgaben fertig hat?
Sollen auch die Spiele des Kindes Bildungszwecken dienen?

f) SCHREIB-, LESE- UND RECHENSCHWÄCHE

Zur Feststellung der Schwierigkeiten allgemein

In welchen Fächern hat das Kind Schwierigkeiten?
In welchen Fächern kommt es gut mit?
Bestehen die Schwierigkeiten seit Schulbeginn oder sind sie später aufgetreten?
Macht es viele Fehler beim Schreiben?
Kann es lesen, liest es sinnvoll, mit Betonung oder mechanisch?

Verliest es sich öfter?
Häufiger bei langen als bei kurzen Wörtern?
Kann es zählen, rechnen?

Zur Feststellung, welcher Art die Schreib-Lese-Störung ist

Läßt das Kind beim Schreiben und Lesen häufig Buchstaben aus?
Oder fügt es welche hinzu?
Kommen Verdoppelungen vor?
Kommt es vor, daß es Buchstaben oder Silben in falscher Reihenfolge liest oder schreibt?
Kommt es öfter vor, daß es z. B. die Buchstaben b und d, p und q miteinander verwechselt?
Wie lange dauert das Abschreiben?
Schreibt es dabei Buchstabe für Buchstabe ab?
Macht das Kind beim Diktat mehr Fehler als beim Abschreiben?
Werden bei Aufsätzen genau so viele Fehler wie im Diktat gemacht?
Verwechselt das Kind häufig lange und kurze Vokale (z. B. Hüte – Hütte, Ofen – offen)?
Kann es zwischen ä, ö, ü unterscheiden?
Werden miteinander verwandte Laute oft verwechselt, wie s und z?
Ist es unsicher bei bestimmten Konsonanten, wie b und p, d und t, g und k?

Zur Feststellung, ob eine Rechenschwäche vorliegt

Hatte das Kind Schwierigkeiten beim Zählen?
Rechnete es mit den Fingern? Wie lange?
Bereitete der Zehnerübergang besondere Schwierigkeiten?
Kann es gut malnehmen und teilen?

Zur Feststellung, ob Störungen in der Motorik und in der Raumwahrnehmung vorliegen

Ist das Kind motorisch sehr ungeschickt, z. B. beim Ballfangen, Hüpfen?
Lernte das Kind schnell und sicher gehen?
Hat es radfahren gelernt?
Konnte das Kind viel draußen spielen?
Welche Spielsachen hatte es?
Kann es die Begriffe rechts – links, vorn – hinten, oben – unten richtig gebrauchen?
Greift es, wenn es einen Gegenstand fassen will, oft daneben?

Zur Feststellung, ob das Kind Linkshänder ist

Mit welcher Hand arbeitet es vorwiegend?
Mit welcher Hand schreibt, malt es?
Mit welchem Fuß hüpft es?
Welches Auge wird bei einäugigem Sehen bevorzugt?
Wurde zu Hause oder in der Schule gegen die Linkshändigkeit angegangen?
Wie wurde eine Umstellung versucht?
Wie reagierte das Kind darauf?

Zur Feststellung organischer Schäden als möglicher Ursache der Störung

Augenschädigungen

War das Kind schon einmal in augenärztlicher Behandlung?
Weshalb?

Welche Maßnahmen wurden vom Arzt durchgeführt?
Wurde z. B. ein Auge längere oder kürzere Zeit verbunden?
Schielt oder schielte das Kind einmal?
Trägt oder trug das Kind eine Brille?
Hat es häufig Kopf- oder Augenschmerzen?
Kann das Kind besser aus einem Buch als von der Wandtafel abschreiben?
Kann es kleine Buchstaben ohne Brille gut lesen?
Ist es geschickt bei feineren Bastel- oder Handarbeiten?
Kann es gut Ball spielen, gut fangen oder treffen?
Stolpert es oft?
Stößt es oft an?

Hörfehler

Scheint das Kind manchmal nicht zu hören, wenn man es anruft?
Versteht es immer richtig, was ihm gesagt wird?
Bekommt es in der Schule alles mit?
Hat es schon eine Mittelohrentzündung oder andere Ohrenkrankheiten gehabt?

g) ALLGEMEINE MOTORISCHE UNRUHE, «NERVOSITÄT», KONZENTRATIONSSTÖRUNGEN

Wie äußert sich die Unruhe des Kindes?
Bestehen Unruhe, Konzentrationsstörungen ständig, zu allen Tageszeiten, bei allen Arten von Tätigkeiten oder nur zu bestimmten Zeiten (z. B. abends, bei Ermüdung) oder bestimmten Tätigkeiten (z. B. bei den Schularbeiten)?
Ist das Kind ständig in Bewegung, kann es nicht auf dem Stuhl sitzenbleiben, hüpft und springt es herum?
Steigert sich die Unruhe bei bestimmten Gelegenheiten (z. B. bei Schlafentzug, einem Überangebot von Eindrücken)?
Neigt das Kind zu Clownerien, macht es Faxen, unmotivierte Bewegungen?
Ist die Unruhe stärker feinmotorisch, zeigen sich Zittern der Hände, Füße, Lidzucken, Blinzeln?
Kann das Kind längere Zeit bei einem Spiel verweilen, oder springt es auch beim Spielen von einer Tätigkeit zur nächsten?
Äußern sich die Konzentrationsstörungen bei jedem Leistungsverhalten oder erst bei Belastung (z. B. langer Schulvormittag; wenn das Kind Angst vor einem Lehrer oder vor einer bevorstehenden Arbeit hat)? Häufen sich «Flüchtigkeitsfehler» gegen Ende einer schriftlichen Klassen-, Hausarbeit?
Bestehen die Konzentrationsstörungen vor allem bei den häuslichen Schularbeiten?
Ist das Kind im Straßenverkehr zuverlässig oder ist es auch da unruhig oder verträumt? Kommt es mittags zu spät nach Hause?

h) ANGST, MINDERWERTIGKEITSGEFÜHLE, STIMMUNGSSCHWANKUNGEN

Wie äußern sich Ängstlichkeit und Hemmung des Kindes?
Handelt es sich um eine allgemeine diffuse Ängstlichkeit? Scheut das Kind vor jedem Zugehen auf die «Welt» zurück?
Hat es Angst vor Unbekanntem, vor einer neuen Umgebung?

Besteht oder bestand es darauf, daß bis zum Einschlafen Licht brennt oder die Tür offen bleibt? Kommt es nachts ins Elternschlafzimmer?
Ist es schon einmal ohne die Eltern verreist? Wohin?
Wie hat es sich dort verhalten?
Leidet das Kind sehr unter Heimweh?
Leidet das Kind unter umschriebenen Ängsten (Phobien)? Hat es z.B. Angst vor dem Gewitter, vor Feuer, bestimmten Tieren, Schmutz?
Wie und unter welchen Umständen sind diese umrissenen Ängste zuerst aufgetreten?
Wie reagiert das Kind, wenn es mit diesen angsterregenden Objekten konfrontiert wird?
Kann man sich in die Ängste des Kindes einfühlen oder erscheinen sie sehr unmotiviert?
Ist das Kind wagemutig, traut es sich, auf einen Baum zu klettern? Mit dem Fahrrad im Straßenverkehr zu fahren? Hat es sich freigeschwommen?
Hat das Kind Angst vor Strafe? Vor welcher Strafe fürchtet es sich besonders?
Welchen Erzieher fürchtet es als Strafenden besonders?
Versucht es, die Strafe zu umgehen? Auf welche Weise?
Wie verhält es sich, wenn es die Strafe erhalten hat?
Hat das Kind vor allem Angst vor Autoritäten; den Eltern, Lehrern, Vorgesetzten?
Wie verhält sich seine Umwelt, wenn das Kind Angst zeigt?
Hat das Kind Minderwertigkeitsgefühle? Traut es sich selbst weniger zu als anderen Kindern?
Fürchtet es sich, immer zu versagen, z.B. bei Klassenarbeiten oder wenn es in der Schule frei erzählen soll?
Befürchtet es, daß es sich lächerlich macht?
Auf welchen Gebieten bestehen die Besorgnisse des Kindes vor allem, Schulleistungen, Sport, Kameraden?
Ist das Kind häufiger traurig, verstimmt, deprimiert?
Welches sind die äußeren Anlässe?
Ist das Kind ständig bedrückt oder schwankt das Kind zwischen Niedergeschlagenheit und Ausgelassensein?
Wie schnell folgen diese Phasen zeitlich aufeinander?
Ist es schon einmal zu Äußerungen von Selbstmordabsichten oder zu einem Selbstmordversuch gekommen?

i) KONTAKTSTÖRUNGEN

Bei wem treten die Kontaktstörungen vor allem auf? Nur bei Fremden, bei Erwachsenen, bei Kindern, auch in der eigenen Familie?
Wie äußern sich die Kontaktstörungen?
Ist das Kind schon einmal durch freiwilliges Schweigen (Mutismus) auffällig geworden?
Bei welchen Menschen?
Spricht das Kind nur sehr leise, ist es einsilbig?
Grüßt das Kind die Nachbarn, gibt es Fremden die Hand?
Schaut es die Menschen beim Sprechen an?
Geht das Kind allein zum Einkaufen, zum Arzt?
Hat das Kind gleichaltrige Freunde? Oder spielt es immer nur mit jüngeren Kindern?
Lehnt es gewisse Spielgefährten ab? Weshalb?
Hat es überhaupt kein Kind, mit dem es spielt?
Wird es von den anderen Kindern abgelehnt?
Kann es sich in die Spiele der anderen Kinder einordnen?
Kann es sich durchsetzen? Oder wird es immer wieder «an die Wand gedrängt»?

Kann das Kind verlieren, oder möchte es immer der Erste sein?
Kann das Kind zärtlich sein, mit den Eltern und Geschwistern «schmusen»?
Ist das Kind im Umgang mit anderen distanzlos?
Würde es sich von jedem Fremden mitnehmen lassen?

k) TROTZ, UNGEHORSAM, STREITLUST, BOSHAFTIGKEIT

Hatte das Kind als Kleinkind eine Phase, in der es aufsässig, widerborstig, trotzig war?
Wie äußerte sich dies? Bei welchen Anlässen, welchen Menschen?
Wie versuchten die Eltern den Trotz erzieherisch anzugehen?
Spürte das Kind, daß es mit den Trotzanfällen etwas erreichte?
Bei welchen Anlässen versucht es, seine Wünsche mit Aufsässigkeit durchzusetzen?
Wie äußert sich der Ungehorsam des Kindes? Geht es auf Aufforderungen nicht ein, überhört es sie, tut es gerade das Gegenteil von dem, was erwünscht ist?
Haben Strafen einen Einfluß auf den Ungehorsam?
* Durchbrechen die Eltern selbst immer wieder ihre Gebote?
Wird das Kind auffällig durch Streitlust und Aggressivität?
Neckt es andere, wird es tätlich?
Gegen wen richten sich die Angriffe vor allem?
Handelt es sich eher um eine spielerische Rauflust? Will das Kind die eigenen Kräfte beweisen?
Oder zeigt das Kind Verbissenheit in seinen Angriffen?
Hat es Freude daran zu zerstören, Tiere zu quälen?
Zeigt es leicht Schadenfreude, ist es hinterhältig?
* Erlebt das Kind Streitereien oder Tätlichkeiten zwischen den Eltern?

l) ÜBERDAUERNDE KÖRPERLICHE UND SEELISCHE REAKTIONSBEREITSCHAFTEN (KONSTITUTION)

Probanden, die häufiger, nachhaltiger und stärker auf Reize reagieren als der Durchschnitt der Kinder

(Abweichung in Richtung einer Neuropathie)

Zur Feststellung kennzeichnender körperlicher Merkmale

Wie sieht das Kind aus? Schmal, blaß, zarte Haut?
Schnell wechselnde Durchblutung der Haut?
Umschattete Augen?
Ist es sehr anfällig für Krankheiten, besonders für Erkältungskrankheiten?
Leidet es an Kopfschmerzen, Schwindel?
Verträgt es Fahren in Autobus, Eisenbahn?
Wird es leicht ohnmächtig? In überfüllten Räumen?
Macht es beim Essen Schwierigkeiten?
Leidet es an Appetitlosigkeit, an häufigem Erbrechen?
Ermüdet es rasch?
Beim Spiel, oder in der Schule, bei Schularbeiten?
Wie ist der Schlaf des Kindes?
Schläft es tief oder leicht? Oberflächlich, unruhig?
Redet es im Schlaf? Schreit es auf?
Kommen Zähneknirschen, Hin- und Herwerfen vor?

Schläft es sogleich ein oder erst nach längerer Zeit?
Schläft es immer spät ein oder nur nach besonderen Ereignissen?
Ist es morgens ausgeschlafen oder noch müde?
Hält seine Müdigkeit oft am Vormittag an?
Ist es motorisch unruhig?
Zappelt es viel hin und her?

Zur Feststellung kennzeichnender psychischer Merkmale

Ist das Kind leicht erregbar, reizbar, schreckhaft, empfindsam?
Wie verhält es sich vor Festen, neuen Ereignissen? Erbrechen?
Unterliegt es stark der Aufregung?
Entsprechen die Reaktionen des Kindes in ihrer Stärke den voraufgegangenen Reizen?
Klingt seine Erregung lange nach, oder ebbt sie schnell wieder ab?
Kann es sich länger mit einer Sache beschäftigen, oder besitzt es keine Ausdauer?
Ist es sehr ängstlich? Vor Fremden, Tieren, vor Gewitter, dem Dunkel, vor dem Alleinbleiben?
Kann es sich durchsetzen, oder gibt es immer nach?
Kann es sich gegen andere Kinder behaupten, oder ordnet es sich ihnen unter?
Ist es ein Draufgänger, oder eher vorsichtig, zurückhaltend, unsicher, zögernd?
Ist es wehleidig?
Weint es leicht?
Leidet es stärker am Heimweh als andere Kinder?
Hat es Kontakt zu anderen?
Mehr zu Erwachsenen als zu Gleichaltrigen?
Erträgt es keinen – auch keinen freundlichen – Spott?

Schizoidie

Typische körperliche Merkmale können hier für Kinder kaum erfragt werden. Es handelt sich bei diesem Konstitutionstyp häufiger um schlanke oder dysplastische Kinder als um rundliche und wohlproportionierte (abartige Persönlichkeiten im Erbumkreis, Einzelgänger, gescheiterte Existenzen)?

Zur Feststellung kennzeichnender psychischer Züge

Ist das Kind kontaktfähig oder Einzelgänger? (Siehe auch unter i)
Geht es von sich aus auf andere zu?
Ist es mehr zurückhaltend, distanziert?
Hat es besseren Kontakt zu Tieren als zu Menschen?
Hat es Menschen, zu denen es nicht spricht?
Gab es eine Zeit, in der es zu bestimmten Menschen überhaupt nicht sprach?
Ist es schüchtern und ungeschickt im Umgang mit anderen Menschen? Linkisch bis bizarr im Benehmen?
Beschäftigt es sich am liebsten allein?
Erscheint es stumpf und gemütsarm?
Ist es eigenwillig im Denken?

Ixoidie (= epileptischer Formenkreis)

Ist das Kind in seiner psychischen Entwicklung hinter der physischen zurückgeblieben?
Ist es motorisch etwas unbeholfen, schwerfällig?
Schläft es unruhig?
Ist es oft länger verstimmt?
Ist es affektiv leicht erregbar und neigt es zu Explosionen?

Hat es Anpassungs- und Umstellungsschwierigkeiten?
Ist es im Umgang mit anderen Menschen sehr gutmütig, hilfsbereit, aber ohne manchmal genügend Distanz zu bewahren?

Bei den Fragen nach den Konstitutionen ist immer eine eingehende Familienanamnese zu erheben. Weitere Verursachungen siehe Hirnschäden und Anfallsleiden.

m) HOSPITALSCHÄDEN

Zur Feststellung der Einflüsse durch wechselnde Pflegestellen

War das Kind schon einmal in einem oder in mehreren Heimen?
In welchem Alter? Aus welchen Gründen? Wie lange?
Wie oft hat es die Heime gewechselt?
Welcher Art war das Heim (die Heime)?
Wie groß war es?
War das Kind nur mit gleichaltrigen Kindern zusammen oder mit solchen verschiedenen Alters?
Bestand eine engere Bindung an einen Erzieher?
Wie verhielt sich das Kind beim Verlassen des Heimes?
Konnte es sich in einem neuen Heim eingewöhnen?
War das Kind schon einmal in einer Pflegefamilie?
Aus welchen Gründen?
War es bei Verwandten oder bei Fremden?
Warum haben die Pflegeeltern das Kind genommen?
Alter der Pflegeeltern, besonders der Pflegemutter?
Haben sie eigene Kinder?
Wie viele? In welchem Alter?
Welche Stellung hat das Pflegekind neben den eigenen Kindern?
Wird ihm öfter gedroht, daß man es weggeben wolle?
Kennt das Kind seine leiblichen Eltern, oder hält es die Pflegeeltern dafür?
Trägt es ihren Namen?
Ist die Adoption beabsichtigt?
Ist das Kind adoptiert?
Weiß es darum?
Ist das Kind unehelich?
Hat die Mutter geheiratet? Den Vater des Kindes oder einen anderen Mann?
Wie steht der Stiefvater zum Kind?
Hat er ihm seinen Namen erteilt?

Zur Feststellung der Art der Entwicklung

Ist das Kind in seiner körperlichen und seelischen Entwicklung sehr zurückgeblieben (z. B. in Motorik, Gemütsleben, Kontaktnahme)?

Zur Feststellung bestimmter Eigenarten des Kindes, die sich häufig als Folge eines Hospitalschadens einstellen

Geht das Kind auf die Welt zu?
Entwickelt es Initiative?
Kann es spielen?
Kann es Spielzeug adäquat verwenden?

Sind seine Bewegungen und Handlungen sinnvoll, oder wiederholt es nur stereotype Bewegungen?
Verharrt es auf der Stufe der «Babysprache»?
Kennt es die Bedeutung alltäglicher Gebrauchsgegenstände?
Ist es ansprechbar, kontaktfähig?
Ist es zur tieferen Bindung an einen Menschen fähig?
Hat es Verständnis für soziale Situationen?
Kann es sich anpassen, oder verhält es sich ungesteuert, distanzlos?
Kommen Ersatzbefriedigungen vor wie Schaukeln, starkes Daumenlutschen, Onanie, Spielereien mit Kot?
Ist das Kind anfällig für Infektionskrankheiten? Für Hautkrankheiten?

n) NEUROTISCH GESTÖRTE ENTWICKLUNGEN

Im Hinblick auf eine mögliche Neurosendiagnose erscheinen folgende Daten wichtig:

Zu überdauernden Reaktionsbereitschaften des Kindes

* Ist das Kind *antriebsstark*?
Hat es viele Wünsche, Bedürfnisse?
Viel Spontanaktivität?
Kann es sich behaupten, durchsetzen?
Ist es manchmal trotzig, aufsässig?
Wenn es zurückhaltend, gehemmt erscheint, kommen affektive (aggressive) Durchbrüche vor?
Ist das Kind leicht *erregbar*?
Ist es körperlich und psychisch sehr empfindsam, labil?
Klingen Erregungen lange nach?
Entsprechen die Reaktionen vorausgegangenen Reizen?
Ist das Verhalten des Kindes oft durch große Gegensätze *(Ambivalenzen)* gekennzeichnet?
z. B. einmal sehr bescheiden – dann fordernd,
nachgiebig – aufsässig,
anhänglich – aggressiv.
Kann es in Entscheidungssituationen zu einem Entschluß kommen, oder schwankt es ständig?
Wirkt das Kind manchmal sehr gehemmt, überbrav *(übersteuert)*?
Kann es seinen Wünschen manchmal nicht nachgeben?
* Versagt es sich Wünsche, obwohl es sie eigentlich gern erfüllt sähe?

Haben störende Einflüsse auf das Kind eingewirkt?

(Hier ist vieles wichtig, was bereits in der allgemeinen Anamnese erhoben wurde, dieses soll aber nicht wiederholt werden.)

* Standen die Eltern (oder einer der Eltern) dem Kind ablehnend oder voll Ressentiment gegenüber?
Litt das Kind Mangel an zärtlicher Zuwendung?
War es lange von der Mutter getrennt (Hospitalismus)?
Wechselten in der Erziehung Härte und Verwöhnung miteinander?
Wurden Bedürfnisse des Kindes stark vereitelt?
(Hemmung motorischer Expansion,

Hemmung destruktiver und Schmiertendenzen,
Hemmung von Initiative,
Vereitelung im sexuellen Bereich – ablehnende Haltung gegenüber kindlicher Schaulust, fehlende erste Aufklärung.)
Hatten die Eltern ehrgeizige Pläne für das Kind, denen es nicht nachkommen konnte? Überforderten sie das Kind?
Wie war die Reaktion auf die Geburt von Geschwistern?
Haltung der Eltern zum Kind nach der Ankunft des neuen Kindes?
(Besonders ist hier zu beachten, ob es das von den Eltern ersehnte Geschlecht hat.)
* Fühlte das Kind sich gegenüber Geschwistern zurückgesetzt?

Bestimmte Eigenschaften, Haltungen, Auffälligkeiten des Kindes

* Bequemlichkeit, Passivität, Übergefügigkeit?
Anspruchslosigkeit, und Ansprüchlichkeit nebeneinander?
Unfähigkeit zu bitten?
Unfähigkeit, Besitz festzuhalten?
Gefühlsschwäche oder Gefühlshemmung?
Ungeduldhaltung? Verzögerungen nicht ertragen können?
Starke Erregung oder Resignation?
Mißerfolge nicht hinnehmen können?
Verstandesbetontheit?
Kompensationsversuche?
Ersatzbefriedigungen (z. B. Tagträume)?
Seelischer Entwicklungsrückstand?
* Körperliche Störungen, Mißbildungen?

Familienanamnese (über das in den allgemeinen Fragen Aufgezeichnete hinausgehend)

Man erfragt, getrennt für Mutter und Vater:

* Wie war die Kindheitsentwicklung?
Waren Mutter, Vater geliebtes oder abgelehntes Kind?
Wie war das Verhältnis zu Mutter, Vater, Geschwistern; Familien- und Erziehungsatmosphäre?
Gab es besondere körperliche oder seelische Schwierigkeiten?
Wie war die Schul- und Berufsentwicklung?
Welche Hoffnungen und Erwartungen stellten Mutter, Vater an das Leben?
Wurden sie erfüllt? Blieben sie unerfüllt, weshalb?
Wie sind Selbstgefühl, Kontaktfähigkeit?
Wie ist das Verhältnis zu Besitz, Geld, Ordnung, Sauberkeit, Zärtlichkeit, Sexualität?
Wie ist das Verhältnis der Eheleute zueinander?
Ihre Einstellung zum Kind?
Welche Erwartungen haben Sie für das Kind? Welche Rolle spielt das Kind in der Ehe der Eltern? Hat die Verhaltensstörung des Kindes eine bedürfnisbefriedigende Funktion für die Eltern? Erzieht die Mutter so, wie sie selbst erzogen wurde oder anders?
* In welcher Weise und in welchen Bereichen?

o) STRUKTURELLE VERWAHRLOSUNG

Eigenschaften, Haltungen des Kindes

* Hat das Kind starke Antriebe?
Hat es viele Bedürfnisse, Wünsche?

Ist es trotzig, aufsässig?
Erscheint es unbeherrscht, ungesteuert in seinem Verhalten?
Wird es leicht aggressiv?
Kann es die Befriedigung seiner Wünsche zurückstellen?
Ist es leicht beeinflußbar?
Erkennt es Autoritäten an?
Befolgt es Gebote und Anordnungen?
Lehnt es sich dagegen auf? Oder umgeht es sie einfach, ohne Widerstand zu leisten?
Hat das Kind zweifelhafte Ideale, denen es nachstrebt?
Scheint es gefühlsmäßig wenig ansprechbar?
Hat es wenig oder nur oberflächlichen Kontakt zu anderen Menschen?
Fehlt eine tiefere Bindung an *einen* Menschen?
* Ist es im Verhalten höflich, glatt, nicht zu fassen?

Störende Umwelteinflüsse

* Ist das Kind früher sehr verwöhnt worden?
Hat man nie oder kaum Forderungen gestellt?
Oder wurde es mit viel Härte erzogen?
Wechselten Härte und Verwöhnung im Verlauf der Erziehung?
War die Erziehung sehr inkonsequent?
Fehlte dem Kind (besonders dem Jungen) die Möglichkeit, sich mit dem Vater zu identifizieren?
Ist der Vater in der Erziehung ausgefallen?
Durch Tod, Krankheit, Scheidung, Getrenntleben der Eltern, durch starke berufliche Anspannung, durch mangelndes Interesse am Kind?
War kein männlicher Erzieher da, der die Rolle des Vaters übernahm?
War der Vater hart, strafend, fordernd?
Oder wurde der Vater von der Mutter ausgeschaltet, indem sie seine Autorität untergrub, ihn vor dem Kind herabsetzte?
Wurde auf die Wünsche des kleinen Kindes nach Abhängigkeit, Angenommen- und Geliebtwerden positiv geantwortet?
Lehnen oder lehnten die Eltern das Kind ab?
Wie ist die Ehe der Eltern?
Spielen sie das Kind bei Konflikten gegeneinander aus?
Wächst das Kind in einem ungünstigen Milieu auf (asoziale Familie, schlechte Wohngegend, zweifelhafte Freunde)?
* Ist das Kind in Heimen oder Pflegefamilien aufgewachsen?

p) SCHWACHSINN UND HIRNORGANISCHE SCHÄDEN

Zur Feststellung, ob die Motorik des Kindes gestört ist

Wann lernte das Kind sitzen, krabbeln, allein stehen, laufen?
Lief es lange Zeit sehr unsicher, schwankend?
Wie ist sein Gang heute, tapsig, ungeschickt?
Kann es hüpfen, laufen?
Fällt es oft hin?
Kann es Rollschuh laufen, radfahren, schwimmen? Seit wann?
Gelingt es ihm flüssig oder ungeschickt?
Wann konnte es den ersten Gegenstand halten?
Was kann es mit beiden Händen tun?

Kann es allein essen? Seit wann?
Ist es sehr ungeschickt dabei?
Kann es sich allein anziehen? Seit wann?
Kann es bei Geschicklichkeitsspielen mittun?
Hat es schon einmal selbst etwas hergestellt, gebaut, gebastelt?
Kann es zeichnen, schreiben?

Zur Feststellung von Störungen in der geistigen Entwicklung

Wann lächelte das Kind zuerst?
Wann und wie reagierte es auf das Sprechen anderer?
Wann erkannte es Mutter, Vater oder Geschwister?
Wann begann es zu sprechen?
Wann sprach es kleine Zwei-Wort-Sätze?
Sprach es deutlich oder nur schwer verständlich?
Lernte es schnell neue Worte?
Wie ist sein Wortschatz heute?
Kennt es die Namen der Geschwister und alltäglicher Gebrauchsgegenstände?
Versteht es, was ihm gesagt wird?
Spricht es nur einzelne Worte oder in Sätzen?
Welche Spiele liebt es?
Wiederholt es häufig das gleiche Spiel, die gleiche Handlung?
Wurde es eingeschult? Wann?
Verstand es die Schulsituation?
Konnte es sich einfügen?
Lernte es schreiben, lesen, rechnen?

Zur Feststellung, ob die Temperamentslage gestört ist

Ist oder war das Kind auffallend ruhig oder träge? Schwerfällig? Schwer ansprechbar?
Oder war es unruhig, leicht reizbar, schwer zu bändigen?
Entsprechen seine Reaktionen den voraufgegangenen Reizen?
Ist es anhänglich? Manchmal bis zur Distanzlosigkeit?
Wie ist es im Umgang mit anderen Kindern?
Kann es mit ihnen spielen?
Kann es sich allein beschäftigen?

Zur Frage der Verursachung

Zur Feststellung, ob es sich um einen ererbten Schwachsinn handelt

Sind ähnliche Symptome schon in der Familie vorgekommen?
Bei wem?
Zeigen die Geschwister des Kindes Auffälligkeiten?
Eingehender als in der allgemeinen Familienanamnese ist hier nach Schulbildung der Eltern, Großeltern, nach Beruf und Berufserfolg zu fragen.
Ist einer der Verwandten schon in einer Anstalt gewesen?

Zur Feststellung, ob das Kind einen organischen Hirnschaden erlitten hat

Wie ist die Schwangerschaft verlaufen? (Besonders die ersten drei Monate?)
Hat die Mutter während dieser Zeit Krankheiten durchgemacht?
Besonders ist zu erfragen, ob die Mutter in den ersten Monaten an Röteln oder einer anderen Infektionskrankheit gelitten hat.
Hatte die Mutter einen Unfall während der Schwangerschaft?

Wurde die Mutter während der Schwangerschaft ein- oder mehrmals geröntgt, wurde eine Strahlenbehandlung durchgeführt?
Wurden Medikamente in der Frühschwangerschaft eingenommen?
* Alkohol- und Nikotinabusus?
War die Mutter zuckerkrank?
Besteht eine Blutgruppenunverträglichkeit?
Hatte die Mutter eine Nierenbehandlung während der Schwangerschaft?
* Wurden Abtreibungsversuche unternommen?
Kam es während der Schwangerschaft zu erheblichen Blutungen?
Hat die Mutter vor oder nach der Geburt des Kindes Totgeburten gehabt?
Wie verlief die Geburt?
Gab es Komplikationen? Sturzgeburt, Zange, besonders hohe Zange? Eklampsie? Überlange Geburt?
Welche Lage hatte das Kind bei der Geburt?
War das Kind eine Früh- bzw. Mangelgeburt?
Im wievielten Schwangerschaftsmonat war die Geburt?
Größe und Gewicht des Kindes?
Fanden sich Zeichen der mangelnden Reife, Lanugohaare über den ganzen Körper verteilt, weiche Ohrmuschel, fehlender Hodendescensus?
Mußte das Kind in einem Brutkasten verbleiben (Couveuse)? Wie lange?
Wie sah das Kind aus? Blau, blaß?
Hatte es Krämpfe, Zittern, Zuckungen gleich nach der Geburt?
Hat es sofort geschrien?
Mußten besondere Maßnahmen eingeleitet werden, um das Kind zum Atmen zu bringen?
Konnte es sofort saugen, schlucken?
War es in den ersten Wochen auffallend ruhig, apathisch?
Bewegte es sich weniger als normal?
Waren die Bewegungen auf beiden Seiten unterschiedlich?
Hatte es Anfälle irgendwelcher Art? Verdächtige Zuckungen, starke Unruhe, schrie es manchmal auf?
Waren Lähmungsanzeichen zu erkennen?
War das Kind stark gelb gefärbt?
Wurde eine Blutaustauschtransfusion durchgeführt?
Hat das Kind in den ersten Jahren Infektionskrankheiten durchgemacht?
Hier ist genau zu fragen, welche Erkrankungen in welchem Alter vorkamen. Auch schwere Erkältungen sind zu beachten.
Traten Fieberzustände auf, eventuell mit Erbrechen, Krämpfen, Nackensteifheit, Kopfschmerzen? Empfindlichkeit gegen Reize?
War das Kind einmal eine Zeitlang apathisch, und schlief es mehr als gewöhnlich?
War es gegen Berührung am Kopf sehr empfindlich?
War es besonders empfindlich gegen starke Helligkeit, laute Geräusche?
Hatte es einen sehr unruhigen Schlaf mit Aufschreien, Zähneknirschen, Kau- und Saugbewegungen?
Verhalten des Kindes nach dem Impfen?
War es zeitweise sehr lustlos, verstimmt, quängelig?
Waren nach Abklingen einer Krankheit Veränderungen im Verhalten des Kindes zu bemerken (ein Bruch in der Entwicklung)?
Wurde z.B. ein vorher lebhaftes Kind apathisch und stumpf, oder hatte ein vorher geschicktes, bewegliches Kind nun Schwierigkeiten beim Laufen?
Konnte es vielleicht eine Zeitlang gar nicht mehr laufen und mußte es erst mühsam wieder lernen?

Oder war die Sprache gestört?
War es unkonzentrierter, ablenkbarer? Plötzlich sehr unruhig, stimmungslabil?
War die Schrift des Kindes verändert, kritzeliger, unordentlich?
Trat ein plötzlicher starker Leistungsabfall ein?

q) ANFALLSLEIDEN

Zur Feststellung einiger körperlicher Merkmale

Ist die Entwicklung des Kindes im ganzen langsam verlaufen?
Ist es in seinen Bewegungen unbeholfen, langsam und schwerfällig?
Ist das Kind Linkshänder?

Zur Feststellung der Art der körperlichen Störungen

Der große Anfall

Hat das Kind schon Krampfanfälle gehabt?
Wann sind sie zuerst aufgetreten?
Kommen sie häufig vor?
Treten sie in bestimmten Abständen auf?
Kann das Kind sich vor dem Anfall noch in Sicherheit bringen, oder wird es plötzlich davon überfallen?
Zieht es sich beim Hinstürzen Verletzungen zu?
Streckt es erst steif seine Glieder und treten dann Zuckungen auf?
Hat es sich dabei schon in die Zunge gebissen?
Sind die Pupillen bei einem Anfall erweitert und starr?
Näßt oder kotet das Kind während des Anfalls ein?
Wie lange dauert der Anfall?
Kann das Kind sich hinterher daran erinnern?
Haben Sie nachts Auffälligkeiten beim Kind beobachtet? Morgens? Wann sonst?
Schmatzt oder schluckt es nachts?
Schreit es auf?
Näßt es ab und zu ein?
Hat es manchmal frische Bißwunden auf der Zunge?

Petit mal, Absencen und Dämmerzustände

Kommt es vor, daß das Kind plötzlich zusammensinkt und hinstürzt, aber nach kurzer Zeit wieder aufsteht?
Weiß es nachher um diese Vorgänge?
Hält es manchmal in einer Tätigkeit plötzlich inne, wird blaß und starrt vor sich hin?
Läßt es dabei Gegenstände fallen?
Legt es manchmal den Kopf nach hinten und verdreht dabei die Augen nach oben?
Kommen dabei Schmatz- und Schluckbewegungen vor?
Wird oft eine Tätigkeit mehrmals unnötig wiederholt?
Wird danach die Arbeit fortgesetzt, als ob nichts gewesen wäre?
Hörte das Kind manchmal sekundenlang nicht zu, wenn ihm etwas gesagt wurde?
Überhörte es Rufen?
Wurde es von der Schule als verträumt und unaufmerksam geschildert?
Ist das Kind schon von zu Hause fortgelaufen?
Hat es schon gestohlen?
Hat es diese Vorkommnisse abgestritten und angegeben, nichts davon zu wissen?

Sucht es manchmal Streit mit anderen Kindern?
Treten nach solchen Ereignissen Krampfanfälle auf?
Neigt das Kind zu anfallsartigen Magenbeschwerden (Nabelkoliken), Kopfschmerzen?

Zur Feststellung kennzeichnender psychischer Eigenschaften

Ist das Kind häufig unruhig, verstimmt, leicht gereizt?
Treten plötzliche Schwankungen in seiner Stimmungslage ein?
Halten seine Verstimmungen lange an?
Kommen plötzliche Wutausbrüche, Explosionen vor?
Ist es sonst hilfsbereit, manchmal anhänglich bis zur Lästigkeit?
Hat es ein Gefühl für soziale Distanz?
Ist es in seinem Tun langsam, umständlich, sorgfältig bis zur Pedanterie?
Ist es zu schneller Umstellung fähig, oder haften seine Gedankeninhalte lange?
Hat es feste Gewohnheiten, von denen es sich nur schwer abbringen läßt?
Ist ein Abfall der geistigen Leistungen bemerkt worden?
Ist das Kind stumpf, uninteressierter, klebriger im Verhalten geworden?

Zur Feststellung, ob die Störungen endogen mitverursacht sind

Kommen bei anderen Familienmitgliedern Anfälle, Migräne, Stottern, Bettnässen oder ähnliche Auffälligkeiten, wie sie das Kind hat, vor?
Besteht ein Verdacht, daß die Krampfanfälle läsionell bedingt sind?
Siehe dann Fragen zu hirnorganischen Schäden.

3. DIE ERHEBUNG MIT DEM ANAMNESESCHEMA

Die Vielfalt und Fülle der aufgeführten Fragen wird den Leser zunächst erschrecken. Sobald die innere Ordnung des Schemas erkannt ist, läßt sich leicht damit umgehen. Die Fragen und ihre Reihenfolge prägen sich schnell dem Gedächtnis ein, wie die Ausbildung von Psychologiestudenten in der Technik der Anamneseerhebung immer wieder zeigt.

Die Weise der Anamneseerhebung, die Zahl der Fragen, die gestellt werden müssen, hängt weitgehend von dem Verhalten der einzelnen Mutter ab. Nach den Erfahrungen der Praxis lassen sich drei Verhaltenstypen – zwischen denen fließende Übergänge bestehen – bei den Müttern unterscheiden. Man kann sie als die «ideale» Mutter, die zurückhaltende, gesperrte Mutter und die umschweifig berichtende Mutter bezeichnen.

Die «ideale» Mutter ist erfreulicherweise gar nicht selten. Sie ist sachlich und warmherzig. Schneidet der Erziehungsberater einen bestimmten Problemkreis mit einer Frage an, so gibt sie erschöpfende Auskunft, ohne vom Thema abzuweichen. Das bedeutet aber, daß man viele von den Fragen, die zu einem bestimmten Problem im Schema angeführt werden, nicht mehr zu stellen braucht, da die Antworten darauf in den Ausführungen der Mütter schon enthalten sind. Fragt man z. B.: «Wie war denn der Schlaf Ihres Jungen», so wird sie vielleicht antworten: «Ja, der Junge hat immer schlecht geschlafen. Als Säugling ging es ja noch, aber später bereitete er uns damit ziemlichen Kummer. So vom zweiten, dritten Jahr an hatte es gar keinen Zweck mehr, ihn mittags hinzulegen, er schlief doch nicht. Er kommt pünktlich ins Bett, aber braucht abends immer längere Zeit zum Einschlafen. Oft liegt er noch wach, wenn wir nach zehn Uhr zu Bett gehen und ich nochmals nach ihm schaue. Morgens dagegen ist er unausgeschlafen; er kann nicht aus dem Bett. In den ersten Schulstunden fällt es ihm noch schwer, aufzupassen.» Damit hat man Wesentliches über den Schlaf des Kindes ohne Zwischenfragen erfahren. Man wird dann noch zwei, drei nachfassende Fragen stellen, z. B. ob der Junge von Träumen berichtet oder Nachtängste hat und wie seine augenblicklichen Schlafgewohnheiten sind. Damit hat man ein abgerundetes Bild erhalten. Weitere gezielte Fragen in diesem Problemkreis hängen von den speziellen Schwierigkeiten des Kindes und den vermuteten Ursachen ab.

Völlig anders verhält sich die zurückhaltende, gesperrte Mutter. Die Motive ihrer Aussagehemmung mögen sehr verschiedenartig sein: Falsche Auffassungen über die Rolle des Erziehungsberaters (siehe S. 11 ff), neurotische Persönlichkeitsstörungen, konstitutionell bedingte schizoide Reaktionsweisen. Im Extremfall reagieren diese Mütter nicht spontan, sondern geben auf jede Frage nur eine knappe, gerade diese Frage beantwortende Entgegnung. Daher ist der Erziehungsberater genötigt, eine große Zahl von Einzelfragen zu stellen, oftmals mehr, als im Anamneseschema selbst vermerkt wurden. Es wird schwer, bei diesen Müttern überhaupt die notwendigen Daten zu erhalten. Bei den wortkargen Antworten bleibt das Gesamtbild oft seltsam mosaikartig. Es fehlen die kurzen, unerfragten, aufschlußreichen Zwischenbemerkungen, die Rückschlüsse auf die Familienatmosphäre, die Erziehungshaltung, die Ehe der Eltern, ihre Hoffnungen und Wünsche erlauben.

Auf die Frage: «Wie war denn der Schlaf Ihres Jungen?» wird eine solche Mutter vielleicht antworten: «schlecht». Man fragt weiter: «Wie äußert sich das denn?» – «Er schläft schlecht ein.» Fragt man nun: «Seit wann schläft er schlecht ein, können Sie mir das ein wenig näher erläutern?» heißt es: «immer».

So wird die Anamneseerhebung zu einer zähen Ausfragerei. Bei einer solchen Mutter wird man auch stets erwägen müssen, ob Fehler in der Haltung des Erziehungsberaters bestehen oder ob die Rollenbezüge ungeklärt sind. Man wird versuchen, Mißverständnisse über die Rolle des Erziehungsberaters abzubauen. Ist die Äußerungshemmung aber Ausdruck der überdauernden Persönlichkeitsstruktur der Mutter, so bleibt nichts anderes übrig, als geduldig Frage um Frage zu stellen, um zu den benötigten Informationen zu kommen. Der Erziehungsberater muß ausdauernd in seinen Fragen bleiben. In dieser Weise gesperrte Mütter sind aber selten.

Viel häufiger findet man den dritten Typ, die weitschweifig berichtende Mutter. Diese Mütter kommen immer wieder vom Thema ab und berichten viel

Nebensächliches. Sie erzählen unter anderem von den «lieben» Verwandten und Bekannten, von den Nachbarn, von eigenen Erkrankungen, Erfahrungen mit Ärzten... Auf die Frage: «Wie schläft Ihr Junge?» wird eine solche Mutter vielleicht antworten: «Ja, er kann doch gar nicht richtig schlafen. Sie wissen doch, wir wohnen an der ...straße. Der Verkehr, der dort herrscht! Manchmal kann man ja sein eigenes Wort nicht verstehen. Und jetzt erst, wo die Ampel hingekommen ist, die Bremsen der schweren Laster müßten Sie hören.» Dann folgt vielleicht ein längerer Redeschwall über die Nachteile des Verkehrs, die fehlende Stadtplanung, die ungünstige Wohnung. Über den Schlaf des Jungen hat man dabei fast nichts erfahren. Läßt man diese Mütter gewähren, so gewinnt man in der zur Verfügung stehenden Zeit nur einen Bruchteil der notwendigen Daten. Hier hilft nur behutsames und taktvolles aber doch entschiedenes Beschneiden des Redestromes. Wenn man erkennt, daß es sich bei diesen Aussagen der Mutter nicht um Bedeutsames oder sogar Quälendes handelt, sondern daß die Mutter nur eine «Unterhaltung» führt, wie sie sic vielleicht mit der Nachbarin pflegt, darf der Erziehungsberater sich nicht scheuen, den Redefluß kurzerhand zu unterbrechen mit Fragen, die auf das Verhalten des Kindes Bezug nehmen.

Es besteht die Gefahr, daß in der Flut des Erzählens wichtige Fragen vergessen werden. Mit einiger Erfahrung gewinnt man das rechte Geschick, solche umschweifigen Mütter immer wieder zum Thema zurückzuführen, ohne unhöflich zu wirken. Anamnesen mit solchen Müttern sind recht ermüdend. Sie erfordern ein viel größeres Maß an Konzentration vom Erziehungsberater, als es bei der «idealen» Mutter gefordert ist.

Die Anamneseerhebung mit dem hier vorgelegten Schema läßt sich leicht bewältigen.

Wie bereits auf Seite 18 aufgezeigt wurde, läßt man die Mutter frei berichten, welche Schwierigkeiten und Sorgen ihr das Kind macht, welche Fragen sie dem Erziehungsberater vorlegen möchte. In dieser Phase des Gesprächs ist der Erziehungsberater nur aufmerksamer Zuhörer, stellt keine Zwischenfragen und schreibt auch nicht mit. Wenn die Mutter ihre vordringlichsten Nöte geschildert hat, ergibt sich meist eine kleine Gesprächspause. Dann bittet man die Mutter, Fragen zur Entwicklung des Kindes stellen zu dürfen und bittet gleichzeitig um die Erlaubnis, einige Notizen aufzuzeichnen (Punkt 1 a).

Man beginnt mit den Fragen zur Biographie – Schwangerschaft und Geburt – (Anamneseschema 1, d), S. 25).

Es hat sich als günstig erwiesen, immer einen Entwicklungs- oder Problemkreis ganz abzufragen. Auch wenn die Mutter vom Thema abschweift, wird man sie wieder zu den gerade behandelten Fragen zurückführen. Erst wenn ein Abschnitt erschöpfend behandelt ist, wird man zum nächsten übergehen. Eine solche Vorgehensweise verhütet, daß man wichtige Fragen vergißt und erleichtert die spätere Auswertung.

Die Fragen sind innerhalb von Punkt 1, d) – Biographie – nach zwei Gesichtspunkten geordnet: dem zeitlich Zusammengehörigen und dem inhaltlich-phänomenal Zusammengehörigen.

Fragt man z. B. nach der statischen Entwicklung, so wird man in der zeitlichen Folge alles Wichtige zusammentragen, z. B. Beginn des Sitzens, Krabbelns, Laufens. Bei der Zusammenstellung der inhaltlichen Fragekreise spielen psychoanalytische Ansichten eine Rolle. Auch wenn man nicht allen Theorien der Psychoanalyse beipflichtet, so hat ihre Phasentheorie einen heuristischen Wert, und den Vorteil, leicht einprägsam zu sein. So wird man, wenn man die «orale Entwicklung» erhebt, z. B. Stillen, Eßgewohnheiten, Lutschen, Nägelkauen erfragen. Das bedeutet nicht, daß man im einzelnen immer ein Ursache-Wirkung-Verhältnis annehmen muß.

Die Art der Fragen selbst muß sich dem geistigen Niveau der Mutter anpassen. Es wird manchmal nötig sein, eine Frage durch ein Beispiel zu erläutern oder auch in Alternativen zu fragen, z. B.: War Ihr Kind als Säugling sehr ruhig, schlief es immer, bemerkte man es gar nicht, oder schrie es viel, war es sehr lebhaft und unruhig?

Man muß dabei darauf bedacht sein, *keine Suggestivfragen* zu stellen. Bei Fragen, die die Mutter als belastend empfinden oder bei denen sie das angezielte Verhalten des Kindes vielleicht verschweigen könnte – z. B. Fragen nach dem Trotz, nach sexuellen Spielereien – stellt man die Fragen in möglichst selbstverständlicher Form. Fragt man z. B. nach dem Trotz, so kann man diese Frage in folgende Form einkleiden: «Oft haben kleine Kinder eine Zeit, in der sie sehr widerspenstig werden, gar nicht tun wollen, was man von ihnen möchte, aufsässig sind, immer versuchen, ihren Willen durchzusetzen, schreien oder gar sich auf den Boden werfen, wenn sie ihren Willen nicht erhalten. Wie war denn das bei Ihrem Kind?»

Die meisten Mütter erzählen plastisch vom Leben des Kindes in der Familie, so daß die Erziehungshaltungen und -normen der Eltern daraus geschlossen werden können (Punkt e), Familiensituationen und Umweltbeziehungen). Nur wenn die Familiensituation undeutlich bleibt, stellt man am Ende der Anamnese einige der unter Punkt e) aufgeführten Fragen.

Die Punkte 1 b) Wohnorte und äußerer Lebensrahmen, 1 c) Krankheiten und 1 f) Familienanamnese fügt man in die Anamneseerhebung dann ein, wenn sich die Frage danach zwanglos ergibt, oder wenn die Mutter selbst auf diese Themen zu sprechen kommt.

Dazu einige Beispiele:

Die Mutter hat berichtet, daß sie selbst und ihr Ehemann noch sehr jung waren, als sie heirateten und das erste Kind geboren wurde. Damals wohnten sie noch in einem Zimmer bei den Schwiegereltern. An diese Aussagen der Mutter schließt man nun alle die Fragen an, die im Schema unter 1 b) Wohnorte und äußerer Lebensrahmen referiert sind. Ist dieser Punkt abgeschlossen, so fährt man in der Biographie fort. In der gleichen Weise verfährt man mit den beiden anderen Punkten.

Von irgendeiner körperlichen Krankheit ihres Kindes berichtet die Mutter meist spontan. Sobald die Mutter von Krankheiten erzählt, fragt man weiter nach allen Krankheiten des Kindes bis zum Tage der Vorstellung in der EB – Punkt c).

Auch die Familienanamnese schließt man am besten dann an, wenn die Mutter spontan von sich selbst, ihrem Mann, den Geschwistern oder den Großeltern des Kindes berichtet, wenn sie von ähnlichen Schwierigkeiten oder Persönlichkeitszügen bei diesen Familienangehörigen spricht. Daran lassen sich leicht die Fragen des Punktes f) – Familienanamnese – anschließen.

Spricht die Mutter nicht selbst von ihrer Familie, so muß man diese Fragen gegen Ende der Anamnese anfügen. Einigen Müttern scheinen gerade diese Fragen unangenehm zu sein. Auch wenn sie vorher frei und offen berichteten, werden ihre Antworten zu den Fragen der Familienanamnese zurückhaltend und unergiebig.

Die *speziellen* Fragen werden immer jeweils dann eingefügt, wenn man das einschlägige Thema berührt.

Wird ein Kind z. B. wegen Bettnässens vorgestellt, so wird man alle Fragen, die die Sauberkeitserziehung und das Bettnässen betreffen, besonders ausführlich stellen – siehe III, 2, a). Dagegen kann man sich in diesem Punkt kurz fassen, wenn Bettnässen keine Rolle bei der Anmeldung spielt und sich bei den ersten Fragen zur allgemeinen Anamnese bei der Sauberkeitserziehung zeigt, daß hier offensichtlich keine Störungen vorliegen.

Zu Punkt 1, g), «Eindruck von der Mutter», soll nochmals hervorgehoben werden, daß damit der *subjektive* Eindruck des Erziehungsberaters gemeint ist. Er muß sich des Eindrucks, den er von der Mutter gewonnen hat, der Gefühle, die er ihr gegenüber hegt, bewußt werden und sie schriftlich fixieren. Dadurch wird die Erziehungsperson, die am meisten mit dem vorgestellten Kind umgeht, so charakterisiert, wie sie dem Erziehungsberater in der Anamnese erschien. Das ist besonders wichtig, wenn die Anamnese und die Beratung von verschiedenen Mitarbeitern der Erziehungsberatung durchgeführt werden. Durch solch eine Charakterisierung wird es besser möglich, sich auf die Beratung einzustellen, vorher abzuschätzen, welche Ratschläge die Mutter vermutlich aufnehmen und verarbeiten kann, welche Verhaltensänderungen möglich sind.

Durch die intensive Besinnung über den Eindruck, den man von der Mutter während der Erhebung gewonnen hat, kann man erreichen, daß unbewußte oder halbbewußte Vorurteile deutlich werden. Zu solchen Vorurteilen gehören z. B. eine einseitige Parteinahme für die Mutter gegen den Vater oder umgekehrt, starkes persönliches Mitleid mit einem der Ratsuchenden, innere Ablehnung der Mutter wegen ihres Verhaltens zum Kind oder auch eine gefühlsmäßige Antipathie, die man nur schwer näher begründen kann.

Das Hauptaugenmerk muß man im Verlauf der Anamnese immer darauf richten, daß ein Problemkreis vollständig abgefragt ist, ehe man zum nächsten übergeht. Es empfiehlt sich keinesfalls, zwischen verschiedenen Fragenbereichen hin und her zu springen.

Über das Fixieren der Anamnese wurde bereits auf Seite 19 einiges gesagt. Nur wenn nicht genügend Schreibkräfte vorhanden sind, die eine anhand des Anamneseschemas auf Band gesprochene Zusammenfassung der Anamnese abschreiben können, wird man zu der Notlösung greifen, die Anamnese selbst in ihren wesentlichen Punkten während der Erhebung schriftlich festzuhalten. Da der erfahrene Erziehungsberater bei der zeitlichen Belastung, die üblicherweise in einer EB herrscht, kaum jemals selbst die Zeit hat, seine Anamnese ganz schriftlich auszuarbeiten, empfiehlt sich folgendes Vorgehen:

Die während des Gesprächs mitgeschriebene Anamnese, die notgedrungen ungegliedert bleiben muß, wird nachträglich durch Unterstreichungen und Numerierungen strukturiert.

Der «Grund der Vorstellung» – Punkt 1, a) – wird aus dem Gedächtnis aufgeschrieben und vorangestellt, «Umweltbeziehungen – Punkt 1, e) – und «Eindruck von der Mutter» – Punkt 1, g) – werden aus dem Gedächtnis aufgezeichnet und an die mitgeschriebene Anamnese angehängt.

4. DIE AUSBILDUNG FÜR DIE ANAMNESEERHEBUNG

In vielen Jahren der Ausbildung von Psychologiestudenten hat sich gezeigt, daß sich das hier aufgeführte Anamneseschema recht gut eignet, um Studenten schnell und sicher zur selbständigen Erhebung von Anamnesen zu führen.

Eine einsemestrige vierstündige Übung, die etwa zehn bis zwölf Sitzungen umfaßt, und die Möglichkeit, etwa an acht Anamneseerhebungen eines Erziehungsberaters hörend teilzunehmen, stellen eine gute Grundausbildung dar.

Für eine solche Übung ist großes Wissen unbedingte Voraussetzung. Die notwendigen Kenntnisse in der Entwicklungs-, Persönlichkeits- und Tiefenpsychologie, der Psychiatrie, Kinderheilkunde und Heilpädagogik müssen durch Vorlesungen, Übungen und Literaturstudium *vorher* erarbeitet sein.

In einer Übung der oben gekennzeichneten Art geht es weitgehend um methodische und diagnostische Probleme. Der Stoff der vorliegenden Abhandlung (vor allem Kapitel I, II, 1–5, III, 3 und IV) kann diskutiert werden; das Anamneseschema (Kapitel III, 1, 2) wird erarbeitet. Nachdem die theoretischen Voraussetzungen vorhanden sind, wird dem Studenten Gelegenheit gegeben, an der Anamneseerhebung erfahrener Erziehungsberater teilzunehmen, und zwar durch persönliche Anwesenheit bei einer Anamnese oder durch Abhören der auf Band aufgenommenen Anamnese. Es ist günstiger, wenn der praktische Teil dieser Ausbildung schon während des Studiums stattfindet. Besteht dazu keine

Möglichkeit, muß sie während der ersten Zeit der Berufspraxis nachgeholt werden.

Die Übungsanamnesen werden von den Studenten mitgeschrieben, danach ausgearbeitet und ausgewertet. Die ausgearbeiteten und ausgewerteten Anamnesen werden eingehend durchgesprochen. Es bedeutet für einen Erziehungsberater mit einiger Erfahrung keine besondere Schwierigkeit, einen Studenten bei der Anamnese zugegen zu haben. In zehnjähriger eigener Praxis zeigte sich, daß die persönliche Beziehung zur Mutter durch die Anwesenheit eines Studenten nicht gestört wird. Dieser wird als Mitarbeiter eingeführt und schreibt während der Erhebung des Erziehungsberaters die Anamnese mit. Damit ist er nicht Zuhörer oder Zuschauer, sondern er ist aktiv beteiligt und beschäftigt.

Studenten sind nach der Teilnahme an einer so charakterisierten Übung und der Ausarbeitung der Übungsanamnesen im allgemeinen erstaunlich gut in der Lage, umfassende und gut strukturierte Anamnesen mit allem notwendigen Datenmaterial selbst zu erheben.

Der Anfänger im Beruf sollte auch nach der Teilnahme an einer solchen Übung seine selbsterhobenen Anamnesen vollständig schriftlich ausarbeiten und auswerten. Erst durch eine längere Praxis erfährt der Erziehungsberater, was bei der Erhebung, Ausarbeitung und Auswertung der Anamnese unbedingt wichtig oder unwichtig ist.

IV. KAPITEL

DIE AUSWERTUNG DER ANAMNESE

Eine Anamnese ist, auch wenn sie gut erhoben und strukturiert dargestellt wurde, noch nicht abgeschlossen. Es genügt nicht, daß der Erziehungsberater einen allgemeinen persönlichen Eindruck von der Verursachung der Schwierigkeiten des Kindes, dem Erziehungsmilieu, der Persönlichkeit der Mutter erhält. Er sollte immer versuchen, ganz exakt die einzelnen Störfaktoren, die Konstitution, die positiven Umwelteinflüsse und Persönlichkeitszüge des Kindes gegeneinander abzuwägen. Nur so kann man der Gefahr entgehen, ein einzelnes Trauma, eine auffällige Abartigkeit des Kindes zu überbewerten.

Vor der Aufstellung einer möglichen Auswertungsform noch einige Vorbemerkungen:

Eine Mutter macht in einer Anamnese viele Aussagen, sie kann z. B. von ihrem Kind berichten; es ist schwierig, es ist unkonzentriert, es lernt schlecht. Solche Aussagen besitzen für die Mutter zumeist den gleichen Wirklichkeitsgrad wie Aussagen, daß ihr Kind die Masern hatte, oder im zweiten Schuljahr sitzenblieb oder kein eigenes Bett besitzt. Der Erziehungsberater aber darf solche Aussagen der Mutter nicht immer für bare Münze nehmen; er darf sie nicht auf der gleichen Ebene interpretieren. Bei allen Angaben über das Verhalten des Kindes muß man daran denken, daß es sich um Interpretationen aus der Sicht der Mutter handelt. Die Mutter verfügt über ein ganz bestimmtes «Bezugssystem», nach dem sie das Verhalten ihres Kindes und ihre eigenen Erziehungsmaßnahmen beurteilt. Dieses Bezugssystem dürfte der Mutter kaum jemals bewußt sein, es wird nicht miterlebt, gibt aber jedem Ereignis einen ganz spezifischen Stellenwert.

Dazu einige Beispiele:

Eine Mutter berichtet, daß ihr Kind «schwierig» ist. Im Laufe des Gesprächs stellt sich heraus, daß es sich um die normale Aufsässigkeit des Trotzalters handelt. Die Mutter weiß nichts von den entwicklungsbedingten Schwierigkeiten dieser Phase. Zu ihren Vorstellungen gehört die Befürchtung, daß unerwünschte Verhaltensweisen, wenn man sie nicht sofort vollständig unterdrückt, für immer dem Charakter des Kindes eingeprägt bleiben.

Ähnlich kann es um die Aussage einer Mutter «mein Kind ist so unkonzentriert» stehen. Bei einer eingehenden Exploration stellt sich heraus, daß es sich um die normale Unruhe eines Schulanfängers handelt. Diese Unruhe wird durch eine kleine Wohnung, durch mangelnden Spielraum, Strassenverkehr in der Großstadt und eine einengende Erziehung, die dem Bewegungsdrang des

Kindes nicht genügend Raum läßt, weiter verstärkt. Zum Bezugssystem dieser Mutter gehört es, vom Kind ab Schulbeginn eine dem Erwachsenen gemäße Konzentration zu erwarten und die seit ihrer eigenen Kindheit sehr verstärkten Belastungen der Kinder nicht genügend einzuschätzen.

Man findet bei Eltern häufig die unausgesprochene Erwartung, daß die Kinder mit Erfolg die höhere Schule besuchen. Scheitert ein Kind auf der Oberschule, so wird es vorgestellt, weil es schlecht lernt. Es wird als «Versager», als «schwierig» empfunden, ohne zu berücksichtigen, daß zur Zeit in Deutschland nur 6% der Jugendlichen eines Altersjahrganges das Abitur bestehen.

An diesen weitgehend unbewußten Maßstäben der Mütter wird das Verhalten ihrer Kinder immer wieder gemessen.

Der Erziehungsberater muß die einzelnen Aussagen der Mütter gewichten und auf den jeweils zugehörigen Bezugsrahmen – der fast nie explizit geäußert wird, sondern den er erst herausfinden muß – beziehen.

Die verschiedenen Bezugssysteme der Mutter im Hinblick auf Erziehungsfragen können mitbestimmt sein durch ihre eigene Erziehung, durch das ganz bestimmte soziokulturelle Milieu, in dem sie steht, durch ihre Auffassung, was «man» tut oder vom Kind erwartet, durch Radio und Zeitung, durch die kritischen Bemerkungen der Nachbarn und Verwandten, durch ihre eigenen Hoffnungen und Wünsche bzw. Befürchtungen. Diese Einflüsse und der daraus sich gebildete Erziehungsrahmen bleiben im Erziehungsalltag fast immer unbewußt.

Auch der Erziehungsberater deutet das Verhalten von Mutter und Kind. Aber sein Bezugssystem hat eine breitere Erfahrungsgrundlage. Erziehungsberater haben es ständig mit «Schwierigkeiten» von Kindern, mit Verhaltensauffälligkeiten zu tun, so daß sich ein Bezugssystem bildet, in welchem viele kindliche «Unarten» noch innerhalb der Normbreite kindlichen Verhaltens erscheinen. Man muß aber bedenken: Die in einer Erziehungsberatung vorgestellten Kinder sind eine Auslese. Der Erziehungsberater kann sein Bezugssystem nicht nach einer Kenntnis eines Durchschnitts aller Kinder jeder Altersgruppe bilden (statistische Norm). Außerdem spielen bei ihm affektive Wertungen eine weit geringere Rolle als bei den Müttern, die sich mit dem Wohl und Wehe ihrer Kinder identifizieren.

So wird das Bezugssystem, das der Erziehungsberater über Ehe und Familienfragen hat, oft mit dem, was die ratsuchenden Mütter haben, nicht übereinstimmen. Häufig wird die Einstellung des Erziehungsberaters zu den obengenannten Fragen weniger rigoros sein als die der Mütter. In jedem Fall ist es notwendig, daß der Erziehungsberater seine eigenen Bezugssysteme kennt.

Weiter darf man nicht immer annehmen, daß die Angaben der Mutter z.B. über den Beginn der Reinlichkeitsdressur, das Ausfallen von Trotz oder die Dauer der Schularbeiten mit der Wirklichkeit übereinstimmen. Alle Formen vom bewußten Verschweigen bis zur Erinnerungstäuschung sind möglich. Der Erziehungsberater muß sich dieser Tatsache bewußt sein. Er wird versuchen, die Verläßlichkeit der Aussagen der Mutter abzuschätzen. Wenn er Zweifel über bestimmte Aussagen der Mutter hat, kann er nach der Entwicklung der Geschwister im gleichen Bereich fragen. Wenn die Geschwister heftig getrotzt haben, aber das betreffende Kind nicht, ist die Aussage wahrscheinlich verläßlich; sagt die Mutter aber, keines ihrer Kinder habe getrotzt, so bleibt diese Aussage fragwürdig. Sie wirft aber in einem größeren Zusammenhang ein bezeichnendes Licht auf die Gesamterziehungsatmosphäre der Familie. Grobe Auffälligkeiten, auf die es uns ja häufig ankommt, werden sehr viel besser behalten, als z.B. kleine zeitliche Abweichungen. Außerdem ist zu bedenken, daß sich in den «beschönigten» Aussagen der Mutter – z.B. daß ihr Kind mit einem Jahr und zwei Monaten völlig sauber und trocken war, anstatt der exakten Angabe von etwa zwei Jahren – oft mehr über ihre Erziehungshaltung, die ja für das Kind wirksam wird, ausdrückt, als in den sogenannten «Fakten» selbst.

Eine Anamnese ist ein komplexes Ganzes, und ihre Auswertung bedeutet nicht das gleiche wie die Auswertung eines gut konstruierten Intelligenztests. Es ist zum augenblicklichen Zeitpunkt nicht möglich, die Auswertung einer Anamnese zu mathematisieren, so daß bestimmte Ereignisse im Leben des Kindes bestimmte Zahlenwerte erhalten (+ –, oder eine Verrechnung wie beim Rorschach), aus denen dann ein Gesamtwert errechnet werden kann.

Vorerst kann es nur darum gehen, bestimmte Daten unter bestimmten Oberbegriffen zusammenzufassen und dann den Versuch einer genetischen Diagnose zu wagen.

Man wird sich also fragen: Welche Daten der Anamnese sind für eine Diagnose und damit zur Beantwortung der Untersuchungsfragen wichtig. Das nachfolgende Auswertungsschema hat sich in der Praxis bewährt:

1. Welche Umweltfaktoren haben störend auf die Entwicklung des Kindes eingewirkt?
    a) Störfaktoren, die durch einen ungünstigen Lebensraum hervorgerufen sein können,
    b) Störfaktoren, die durch das Erziehungsmilieu hervorgerufen sein können,
    c) Störfaktoren in den einzelnen Entwicklungsphasen.
2. Welche körperlichen Krankheiten können einen ungünstigen Einfluß auf die Entwicklung des Kindes gehabt haben?
3. Welche Daten sprechen für eine überdauernde körperlich-seelische Reaktionsbereitschaft – Konstitution – ?
4. Gibt es besonders auffällige Verhaltensweisen des Kindes (sofern sie nicht schon im «Grund der Vorstellung» oder unter 1–3 genannt wurden)?
5. Welche positiven Umwelteinflüsse und Persönlichkeitszüge des Kindes sind zu erkennen?
6. Hinweise für eine dynamische Zusammenschau der oben erfaßten Daten.
7. Hinweise für eine Diagnose.

Es lassen sich noch Erläuterungen zu diesem Schema aufzeigen. Man wird nur solche Daten unter 1a), b), c) und 4 anführen, die sich in einem breiteren

Bezugsrahmen als Störfaktoren oder auffällige Verhaltensweisen einordnen lassen, nicht aber solche, die nur der Mutter in ihrem eigenen Bezugssystem als solche erscheinen (siehe S. 59).

Die Daten zu den einzelnen Fragepunkten sollen nur in Stichworten angegeben werden, sonst könnte es in manchen Fällen zu einer Wiederholung der Anamnese kommen.

Einzelheiten zu den sieben Auswertungspunkten:

1. Störungen durch Umweltfaktoren
    a) Störfaktoren im Lebensraum,
    z.B. ungünstige Wohnverhältnisse, mangelnder Spielraum, mehrmaliger Wohnungswechsel und damit verbundener Schulwechsel, Heimaufenthalte, Flucht, Lageraufenthalte, ungünstige wirtschaftliche Verhältnisse;
    b) Störfaktoren im Erziehungsmilieu,
    z.B. gestörte Ehe der Eltern, Getrenntleben der Eltern, Scheidung, Tod eines oder beider Eltern, Stiefeltern und Stiefgeschwister, Großelternerziehung, Pflege- oder Adoptivfamilie, Wechsel der Erziehungspersonen, Berufstätigkeit der Mutter, zu strenge Eltern, Inkonsequenz der Eltern, harte Mutter – weicher Vater oder umgekehrt, Uneinigkeit der Eltern in Erziehungsfragen, Ablehnung des Kindes, Bevorzugung eines der Geschwister, Überforderung, überbesorgte Mutter;
    c) Störfaktoren in den einzelnen Phasen,
    z.B. unzureichende Zuwendung im ersten Lebensjahr, verfrühte, harte Reinlichkeitserziehung, Einschulung bei mangelnder seelisch-sozialer Schulreife, fehlende oder ungenügende sexuelle Aufklärung.

Es ist nicht immer ganz eindeutig, unter welchen der Punkte a) bis c) man ein bestimmtes Faktum einordnen soll. Wichtig ist, daß alle relevanten Daten in der Auswertung erscheinen.

2. Körperliche Krankheiten,
    z.B. Embryopathie, Geburtstrauma, Blutgruppenunverträglichkeit mit Kernikterus, Meningitis, Enzephalitis (um nur einige Krankheiten zu nennen, nach denen eine bleibende Hirnschädigung möglich ist).

Die unter den Punkten 1 a), b), c) und 2 für ein Kind aufgezeichneten Daten können, müssen aber nicht, traumatisch bei diesem bestimmten Kind gewirkt haben. Ob ein Ereignis oder ein Verhalten der Eltern, das für sich allein betrachtet, ein Störfaktor sein kann, für ein bestimmtes Kind auch als Störfaktor wirkt, hängt von vielen Umständen ab, z.B. von der seelisch-körperlichen Gesamtlage des Kindes, von seiner Entwicklung, die es bis zum Eintritt des Ereignisses genommen hat. Ein Ereignis, das für die Entwicklung des einen Kindes eine erhebliche Beeinträchtigung darstellt – z.B. Berufstätigkeit der Mutter, rigorose Reinlichkeitserziehung, Sitzenbleiben – wird von dem anderen Kind ohne Schädigung verarbeitet.

In den Auswertungspunkten 6 und 7 wird versucht, bereits abzuklären, inwieweit die unter Punkt 1 a), b), c) und 2 aufgeführten Fakten für dieses Kind wirklich schädigend gewirkt haben.

3. Konstitution,
   alle Fakten, die im Anamneseschema unter spezielle Fragen, Konstitution, siehe Seite 43 erfragt werden.
4. Weitere auffällige Verhaltensweisen,
   z. B. ist immer aggressiv, versteht sich überhaupt nicht mit seinen Geschwistern, hat keine Freunde, quält Tiere, reißt Blumen aus.
5. Positive Persönlichkeitszüge und Umwelteinflüsse,
   hierher gehören die positiven Daten, die komplementär zu den unter 1 a), b), c) und 4 genannten sind,
   a) z. B. das Kind wird in der Schule gut fertig, es bringt immer gute Zensuren mit nach Hause,
   b) die Ehe der Eltern wirkt glücklich, die Mutter ist dem Kind in Liebe zugetan, das Verhältnis unter den Geschwistern ist ausgeglichen.

   Die Punkte 3, 4 und 5 (positive Persönlichkeitszüge) tragen stärker zur Zustandsdiagnose bei als die ersten Punkte.

In Punkt 6 versucht man, die Daten der Punkte 1 bis 5 in ihrer Bedeutung gegeneinander abzuwägen. Sie müssen die verschiedenen Entwicklungslinien, die zu der augenblicklichen Störung geführt haben, aufzeigen. Diese Zusammenschau sowohl der genetischen wie der dynamischen Momente ermöglichen den Versuch einer Diagnose (Punkt 7). Es erweist sich dabei als günstig, verschiedene, bei der Art der Symptomatik mögliche Diagnosen gegeneinander abzuwägen. – Eine Enurcsis z. B. kann unter anderem als Symptom einer echten Epilepsie, als Anfallsäquivalent, bei einer ixoiden Konstitution, als Symptom einer echten Neurose, als neurotische Reaktion oder aber auch als Folge einer rein somatischen Erkrankung vorkommen.

Häufig lassen sich dann schon mit Sicherheit einige Diagnosen ausschließen. Vor allem der Anfänger in der Erziehungsberatungsarbeit sollte dieses Abwägen üben, damit er lernt, mit den einzelnen Verursachungsgesamtheiten, die für jede Art von Symptomatik nur begrenzt ist, in Gedanken umzugehen, verschiedene Diagnosen «in der Schwebe» zu lassen.

Um die Diagnosefindung zu erleichtern, wird das Ursachenschema kindlicher Verhaltensstörungen von GRAEFE (1956) hier aufgeführt. Für die Diskussion der Problematik eines solchen Ursachenkatalogs wird auf die Arbeit von GRAEFE verwiesen.

Das Schema wurde um zwei Punkte erweitert (10 und 11), «innere» Verwahrlosung wurde durch «strukturelle» Verwahrlosung ersetzt.

Ursachenschema kindlicher Verhaltensstörungen.

1. Angeborene und erworbene Behinderungen oder Abweichungen innerhalb des Bewegungsapparates oder der Sinnesorgane.
2. Begleit- und Folgeerscheinungen von Krankheiten der Organe mit innerer Sekretion.
3. Begleit- und Folgeerscheinungen von Krankheiten oder Schädigungen des peripheren, zentralen oder vegetativen Nervensystems.
4. Psychotische Störungen und Anfallsleiden unbekannter Ursache.

5. Mängel oder Unausgeglichenheiten der Begabungsausstattung (fast immer mit anderen Ursachen gekoppelt).
6. Konstitutionelle Abweichungen des Trieb-, Gefühls- und Willenslebens, der Grundstimmungen und der Reizempfindlichkeit (darunter auch Ixoidie),
   a) im engeren Sinn pathologische Abweichungen.
7. Allgemeiner Entwicklungsrückstand.
8. Entwicklungsunausgeglichenheiten und -krisen (z. B. Akzelerationen, Integrationsmängel der Persönlichkeit usw.).
9. Neurotische Fehlentwicklung im engeren Sinne mit Binnenkonflikt. Neurose im eigentlichen Sinne, Konfliktgenese in der Frühkindheit, Generalisierung und überdauernde auffällige Eigenweltveränderungen.
10. Persönlichkeitsfehlentwicklung, ohne Binnenkonflikt. Fehlprägungen durch die Umwelt in jeder Lebensphase, ohne daß überdauernde Konflikte oder umfangreiche Verdrängungen vorliegen, deren Auswirkungen sich in größerem Umfange generalisieren. Übergang zum Normalen fließend.
11. Neurotische Reaktionen.
    Abwegige, psychogene Spontanreaktionen mit aktuellem Konflikt, die sich nicht generalisieren. Diese Spontanreaktionen können sich zu überdauernden Fehlfunktionen verfestigen (z. B. bei dem größten Teil der Stotterer, bei psychosomatischen Erkrankungen). Neurotische Reaktionen können mit allen anderen Ursachen von Verhaltensstörungen gekoppelt auftreten.
12. Strukturelle Verwahrlosungen. Schwächen oder Fehlentwicklungen in der Bildung des stellungnehmenden Systems, der Ideale und der Steuerungsfähigkeit.
13. Aktuelle Konflikte ohne Persönlichkeitsstörungen, situationsbedingt, nicht phasentypisch.

Die Verursachungen können zum Teil kombiniert auftreten. Wenn Kinder nicht wegen Verhaltensstörungen vorgestellt werden, können einleuchtenderweise diese dreizehn Diagnosemöglichkeiten nicht benutzt werden – z. B. bei Informationsfragen nach der Schulreife oder nach dem Oberschulübergang.

V. KAPITEL

BEISPIELE VON ANAMNESEN

In den folgenden Anamnesen hat die Verfasserin die Namen und einige Einzelheiten so verändert, daß eine Identifikation der Personen nicht möglich ist. Kleine Unebenheiten lassen sich dadurch nicht vermeiden. Vor allem müssen aus verständlichen Gründen die Familienanamnesen sehr gekürzt dargestellt werden. Ändert man bei den Familienanamnesen Einzelheiten, so sind sie für eine differenzierte Auswertung nicht mehr brauchbar.

Es werden vier Beispiele von Anamnesen, wie sie in einer Erziehungsberatung alltäglich sind, gebracht. Die Verfasserin erhob alle aufgeführten Anamnesen. Psychologen in der Ausbildung protokollierten sie, stellten sie zusammen und werteten sie aus. Die Unterschiede in Auffassung und Stil, die sich durch verschiedene Bearbeiter ergeben, sind beibehalten, kleine Fehler in der Erhebung nicht ausgemerzt.

Von zwei Anamnesen sind *Teil*nachschriften der vollständigen Anamnesen, so wie sie erhoben wurden, ausgeführt. Sie können dem Leser zeigen, in welcher Weise man die Fragen des Schemas in der Situation mit der Mutter stellen kann. Eine *vollständige* Anamneseerhebung von etwa anderthalb Stunden würde sechzig oder mehr Seiten ergeben und damit den Rahmen dieses Buches sprengen. Wiederholungen in den Zusammenfassungen der Anamnesen und den nachfolgenden Auswertungen sind aus didaktischen Gründen nicht zu vermeiden.

Die Auswertung der Anamnese ist jeweils *ohne* Kenntnis der nachfolgenden Untersuchungsergebnisse gemacht und nicht nachträglich beschönigt.

1. ANAMNESE PETER K.

Die Anamnese wurde im Januar 1961 durch Dr. Ke. mit der Mutter des Kindes durchgeführt.

1. GRUND DER VORSTELLUNG

Peter K. ist acht Jahre alt und wird auf Veranlassung seiner Klassenlehrerin vorgestellt.

Die Mutter klagt über folgende Schwierigkeiten bei ihrem Kind: Peter ist unkonzentriert, unaufmerksam, motorisch unruhig und zeigt schlechte Schulleistungen. Diese stehen nach Ansicht der Mutter in keinem Verhältnis zu seiner

Intelligenz. Unruhig war er schon immer. Die Schwierigkeiten verstärkten sich, als er einige Zeit in der Schule war.

Während der Anamnese berichtet die Mutter noch, daß Peter immer noch am Daumen lutscht, seit Schulbeginn stottert und lügt, wenn er Angst hat.

2. WOHNORTE UND ÄUSSERER LEBENSRAHMEN

Peter ist das älteste Kind der Familie, in einer rheinischen Großstadt geboren.
Bei der Geburt bis zu seinem vierten Lebensjahr ein Zimmer bei den Eltern der Mutter. Aber getrennte Haushalte.

Drei jüngere Schwestern, jetzt fünf, vier und zwei Jahre alt.

Als Peter vier Jahre alt war, Umzug in eine westfälische Kleinstadt. Eigene Wohnung, die aber nicht abgeschlossen ist, so daß man von zwei anderen Parteien alles hört. Die Wohnung ist zu klein. Es existiert ein Kinderzimmer, das aber zum Spielen zu klein ist. Draußen gibt es nur die Straße zum Spielen.

Der Vater ist Akademiker, studierte noch zur Zeit der Eheschließung. Die Mutter war berufstätig, bis Peter sechs Monate alt war; jetzt betreut sie allein die vier Kinder. Zwischen zweieinhalb und vier Jahren war der Vater auswärts berufstätig und kam nur alle vier Wochen nach Hause.

Peter war zweimal im Krankenhaus, im Alter von drei Jahren drei Wochen, im Alter von sechs Jahren acht Tage, er war zweimal je sechs Wochen in einem Kinderheim, mit drei Jahren und mit vier Jahren.

Die wirtschaftlichen Verhältnisse der Familie scheinen lange Zeit recht ungünstig gewesen zu sein, da der Vater (Kriegsteilnehmer) erst seine Ausbildung abschließen und eine Existenz (Jurist) aufbauen mußte. Zur Zeit der Vorstellung sind sie geordnet, doch besteht noch ein großer Nachholbedarf.

3. KRANKHEITEN

Peter ist häufiger krank gewesen.

Im Alter von sechs bis acht Wochen war er allergisch gegen alles tierische Eiweiß, heute reagiert er noch allergisch auf Obst, Südfrüchte und Butter.

Mit anderthalb Jahren hatte er die Masern, mit drei Jahren eine Neurodermitis (erster Krankenhausaufenthalt). Das Kind hat sich so gekratzt, daß große «Plakate» auf der Haut entstanden. Der Vater warf seiner Frau vor, sie hielte das Kind nicht sauber genug, zum Glück wurde das vom Arzt widerlegt.

Im gleichen Alter Mumps und Windpocken. Mit sechs Jahren Polypen und Mandeln entfernt (zweiter Krankenhausaufenthalt). Irgendwann hat er mal die Röteln gehabt.

Peter ist «labil auf den Bronchien». Jeden Monat ist er erkältet, hat dann um 37,5 Temperatur, «bellt dann wie ein Seehund». Zur Zeit sieht Peter sehr schlecht aus, ist abgemagert und in die Höhe geschossen. Es liegt der Verdacht auf eine Tbc-Infektion vor, das Einreibungsergebnis war positiv, doch wurden keine Schatten auf der Lunge festgestellt.

Peter bekommt jetzt «Contergan», weil er so «ein fürchterlicher Hampelmann» ist. Das Kranksein nimmt der Junge so hin, solange er krank ist, bleibt er ruhig im Bett, rebelliert nicht und beschäftigt sich selbst. Fühlt er sich gesund, will er sofort hinaus.

Peter schläft ruhig, allerdings mit offenem Mund, wacht nachts nur selten auf.

4. BIOGRAPHIE

Beide Eltern wünschten sich das Kind. Die Mutter hätte gern eine Tochter gehabt. Der Vater war jedoch sehr stolz, als der Sohn ankam.

Während der Schwangerschaft hatte die Mutter keine Beschwerden. Das Kind war übertragen, die Geburt mußte eingeleitet werden. Es handelte sich angeblich um eine «Dauerkontraktion».

Die Austreibungsperiode betrug dreieinhalb Stunden. Die Mutter vermutet, daß eine Zange gebraucht wurde. Man hat es ihr zwar nicht gesagt, doch habe sie es an der Kopfform des Kindes gesehen. Peter wog fast neun Pfund, der Kopfumfang betrug 40 cm. Nach der Geburt trat ein Ikterus auf, der aber ohne Behandlung verschwand.

Bei der Geburt waren die Mutter zweiundzwanzig, der Vater einunddreißig Jahre alt.

Viel geschrien hat er am Anfang nicht. Schrie er, so wurde er sofort aus seinem Bettchen genommen und «verhätschelt» (Großeltern, Onkel, Tante).

Das Zahnen machte keine Schwierigkeiten. Die statische Entwicklung verlief schnell; er war nicht ängstlich. Stehen mit zehn Monaten, Alleinlaufen mit zwölf Monaten.

Das Kind wurde acht Wochen lang gestillt. In der sechsten Lebenswoche begann die Umstellung auf eine andere Ernährung. Die Mutter mußte ihn so schnell abstillen, da sie berufstätig sein mußte. Die Muttermilch bekam ihm gut, von «Alete» bekam er Schorf. Jedes Zuviel an Essen spuckte er aus.

«Wenn ich wegwollte, machte er das Bäuerchen nicht, er zwang mich dazu, ihn auf dem Arm herumzutragen: ‚Entweder ich spuck' das Bett voll, oder du trägst mich.' Er war damals sehr schwierig.» Die Mutter hat nach der Geburt des zweiten Kindes geäußert: «Wenn das genau so wird wie der, dann bringen sie mich nach sechs Wochen in die Irrenanstalt.» Bis zu einem Jahr hat er dann gut gegessen, dann begann ein «Heck-Meck», er wollte nicht mehr essen. «Bis zu fünf Jahren habe ich ihn quasi gefüttert, er mümmelte so 'rum, kriegte nichts auf den Löffel. Damit er überhaupt etwas aß, hab' ich ihn gefüttert.» Ab fünf wollte er plötzlich allein essen, dann hat man ihn gelassen. Zeitweise lehnte er gewisse Gemüsesorten entschieden ab. Jetzt ißt er gut durch, er bevorzugt «deftige Sachen».

«Daumenlutscher ist er auch, falls das für Sie wichtig ist. Noch nicht ganz geboren, da hatte er den Daumen schon im Mund.» Früher lutschte er bei Ermüdung, beim Einschlafen, heute nur noch im Schlaf. Er weiß nichts davon. Es wurde nichts gegen das Daumenlutschen unternommen. Die Mutter hat ihm erklärt, daß er davon vorstehende Zähne bekommt.

Peter sprach «zur normalen Zeit». Mit zwei Jahren sprach er nette, selbständig gebaute Sätze, mit drei Jahren keine Kindersprache mehr. Die Sprachschwierigkeiten haben erst in letzter Zeit angefangen. «Er stottert wahnsinnig, seitdem er in die Schule geht, wenn er etwas erzählen will, sind die Gedanken schneller als der Mund.» Er wiederholt die Anfangsbuchstaben etwa drei- bis viermal. Es wird schlimmer, wenn er nervös und abgespannt ist. Vor allem tritt es mittags auf, wenn er aus der Schule kommt. Morgens stottert er nicht.

Bestraft wird er wegen seines Stottern nicht. Er wird zum Langsamsprechen angehalten. (Allerdings auf eine sehr drastische Weise, die halb humoristisch ist, das Kind aber bloßstellt und lächerlich macht.)

Der Junge wurde halbjährig auf den Topf gesetzt. Bald holte er sich den Topf selber. Es machte ihm ausgesprochen Spaß, das zu tun. Mit einem Jahr war er völlig sauber und trocken. Es gab keine Schwierigkeiten und nur einen kurzen Rückfall, als er mit anderthalb die Masern hatte.

Offensichtlich durfte sich Peter immer schmutzig machen. Zumindest tut er es heute kräftig, ohne daß es sie zu sehr zu stören scheint. Allerdings begleitet die Mutter sein Tun mit kräftigen Kommentaren: «Du siehst aus wie ein Ferkel, das sich gesuhlt hat.» «Zum Waschen muß man ihn prügeln, zum Baden geht er freiwillig.»

Peter kann gut abgeben. Er teilt gern und aus freien Stücken. Manchmal nascht er mit dem Löffel aus dem Zuckertopf.

Er trotzte zwischen zwei und drei Jahren, «dann schmiß er sich auf die Erde. Ich hab' ihn aufgehoben, hingestellt, was hinten draufgegeben. Eigensinn ist das einzige, wofür sie sie kriegen».

Peter war immer ein unruhiger Junge, lebhaft, beweglich, unternehmungslustig. Er kann dann aber auch wieder seltsam scheu sein.

Nach dem zweiten Aufenthalt im Kinderheim hat die Mutter ihren Sohn nicht wiedererkannt. «Die hatten ihm da einen Nerv geklaut, er war vollkommen ruhig, erzählte nichts, sagte nur ja und nein, war so ordentlich, sonst ging die Babbel immer nur so. Nach vierzehn Tagen war er wieder der alte».

Peter ist sehr liebebedürftig. Wenn keiner dabei ist, schmust er gern, sowohl mit der Mutter wie auch mit dem Vater. Er geht dabei von sich auf die Eltern zu. Er ist sexuell andeutungsweise aufgeklärt; er weiß, «daß die Kinder im Bauch der Mutter wachsen, und wenn sie fertig sind, da rauskommen». Biologische Zusammenhänge sind ihm schnell klar. Er fragt viel, da er an Tieren sehr interessiert ist. Seine Fragen werden wahrheitsgemäß beantwortet.

Der Spielraum war immer etwas beengt, das Kinderzimmer zu klein. Draußen blieb nur die Straße. Mit drei Jahren ging der Junge jeden Morgen mit einer befreundeten Kindergärtnerin spazieren. Als er viereinhalb Jahre alt war, besuchte er ein halbes Jahr den Kindergarten zusammen mit seiner Schwester. Dort gab es Schwierigkeiten, da er ausschließlich mit seiner Schwester spielte, mit keinem anderen Kind. Man gab den Versuch dann auf.

Über die Geburt der Schwestern gab es große Freude. Er war absolut nicht eifersüchtig.

Bei der Einschulung war Peter gut sechseinhalb Jahre alt. Er freute sich auf die Schule, «dann lerne ich lesen».

Nach einem halben Jahr kamen die ersten Klagen, die auch heute noch die gleichen sind: Peter sei denkfaul, er bemühe sich nicht mitzumachen, er passe nicht auf, alles müsse ihm drei- und viermal gesagt werden. Er träume, wenn er drankomme, zucke er mit den Schultern. Außerdem «kloppe er sich mit den Mädchen». Die Lehrerin hält ihn für den «Unkonzentriertesten» der Klasse. Die Mutter vermutet aber, daß die Lehrerin voreingenommen ist und daß die Schwierigkeiten auch zum Teil auf seiten der Lehrerin zu suchen seien.

Lesen und Rechtschreiben wurden nach der Ganzheitsmethode erlernt. Besondere Mühe macht ihm das Addieren, Subtrahieren und das Schreiben. Das Einmaleins geht. Das Lesen ist besonders gut. Sein Zeugnis (Herbstzeugnis zweites Schuljahr) ist «unter aller Kritik», das «Benimmpäckchen war schauderhaft».

Schriftlicher und mündlicher Ausdruck	3
Lesen	2
(sollte eine 1 sein, doch gebe es das im zweiten Schuljahr noch nicht)	
Diktat	3
Zeichnen	4
Rechnen	3
Schrift	5

Peter war über das Zeugnis sehr deprimiert, ebenso der Vater: «Vor allem, weil unser Herr Sohn davon träumt, mal auf die höhere Schule zu gehen. Wenn das nicht klappt, dann wird er eben was anderes, Maurer oder Straßenfeger.»

Die Hausaufgaben haben von Anfang an Schwierigkeiten bereitet. Die Mutter hat ihn einmal von 2 bis ½8 Uhr «sitzen gelassen». Jetzt paßt sie meistens auf, dann ist er in anderthalb Stunden fertig. Ist er allein, dann kaut er am Bleistift, guckt aus dem Fenster «nach Katze und Eichhörnchen». Die Aufgaben sind ihm zu langweilig. Schönschreiben ist ihm unmöglich, das geht ihm zu langsam. Das Rechnen hat sich nach den Ferien etwas gebessert. – «Ich hab' in den Ferien jeden Tag mit ihm gepaukt, Rechnen, Diktat. Bei mir klappt das (er schreibt dann sauber, ordentlich, mit wenig Fehlern), in der Schule geht es nicht.» Peter geht nicht gern zur Schule, er mag die Lehrerin nicht.

Seit seiner Einschulung lügt Peter «wie gedruckt». Er stellt die Dinge immer so dar, daß es für ihn gut aussieht. Wenn etwas kaputt gegangen ist, war er es nie. Er versucht, seine kleinen Nachlässigkeiten zu vertuschen. Wird er überführt, wird er sehr verlegen und sagt dann auch die Wahrheit. Dann ist er sehr «verständig». Jetzt sagt er schon öfter die Wahrheit, denn «wenn er lügt, dann kriegt er sie, und wenn er nicht lügt, kriegt er sie nicht». Der Vater weiß nicht, daß Peter lügt, er würde es auch «sauer aufnehmen».

Seine Ämter sind Papierkorb und Mülleimer leeren. Er tut es ungern und langsam. Manchmal geht er einkaufen, dann muß man ihm alles aufschreiben, er vergißt sonst die Hälfte. «Manchmal kriegt er einen Rappel und will helfen, dann habe ich Angst, daß zuviel kaputt geht.» Mit dem Helfen steht die Mutter auf dem Standpunkt «wenn sie es nicht von allein machen, dann sollen sie es lassen».

Ein regelmäßiges Taschengeld bekommt Peter noch nicht. Als er einmal ein Geldgeschenk erhielt, wurde ihm sehr nahegelegt, auch ja etwas Nützliches zu kaufen.

In der Freizeit liest Peter vor allem sehr viel, die Mecki-Seite von «Hör zu». Ein Buch von Sven Hedin hat er in acht Tagen so gelesen, daß er darüber berichten konnte (!).

Er sieht fern, die Kinder spielen, was sie im Fernsehen gesehen haben.

Mit Spielzeug kann er sich schlecht beschäftigen, besser mit dem Baukasten, leeren Dosen, Stöcken. Er schneidet mit den Schwestern zusammen Bilder aus, doch ist er darin ungeschickter als die Mädchen. Die Kinder entwickeln beim Zusammenspiel eine rege Phantasie und brauchen nicht angeleitet zu werden.

Sein Verhältnis zu Tieren ist besonders gut, er hat Interesse für alles, «was da kreucht und fleucht», er weiß viel über Tiere und geht allein in den Zoo.

Peter schläft morgens bis 7 oder ½8 Uhr, frühstückt, «zum Waschen muß man ihn jagen, sonst vergißt er's», wenn der Vater abends nach Hause kommt, sollen die Kinder im Bett sein. Das ist so gegen 7 oder ½8 Uhr.

Die Mutter schildert Peter als einen Jungen, von dem alle, die ihn nicht näher kennen, sehr beeindruckt seien und ihn besonders nett fänden. Mehrfach betont sie, daß er «komischerweise» auf Vernunftsargumente sehr gut eingehe, wesentlich besser als auf bloßes Schimpfen. Sie bringt dafür mehrere Beispiele, die einleuchtend und glaubwürdig klingen. Ferner berichtet sie: «Er kann nicht haben, wenn er beim Lesen gestört wird – ‚die können mich nicht in Ruhe lassen', tobt er dann.» – «Er ist so unpraktisch, da fehlt ihm geistig was, denken kann er, aber einen Nagel in die Wand hauen kann er nicht.»

5. FAMILIENSITUATION UND UMWELTBEDINGUNGEN

Der Lebensstil der Familie scheint durchschnittlich-bürgerlich zu sein. Es müssen noch viele Anschaffungen gemacht werden. Die Familienatmosphäre scheint weitgehend gespannt zu sein. Die Eltern erscheinen als sehr große Gegensätze. Der Vater wird von der Mutter als schwierig geschildert. Er leidet unter Kopfschmerzen. Die Mutter muß ständig Rücksicht auf ihn nehmen und die Kinder während seiner Anwesenheit zur Ruhe ermahnen. «Der Vater ist wenig zu Hause, und dann rennt er bald wieder weg, weil er den Lärm nicht vertragen kann.» Die Mutter leidet unter dem mehrfach betonten «Ordnungsfimmel» ihres Mannes. Der Vater leidet unter der von der Mutter «als gar nicht so schlimm empfundenen Unordnung». Der Mann verwaltet das Geld der Familie völlig selbständig, gibt nur ein – so empfunden – karges Haushaltungsgeld, entscheidet allein und ohne Rücksprache mit seiner Frau über die notwendigen Haushaltungsanschaffungen (Eisschrank z. B.). Daraus entstehen Vorwürfe. Er hält ihr andere Frauen als Beispiel vor oder aber spricht über Wochen nicht mit ihr. Sie hingegen weist unentwegt auf ihre viele Arbeit hin, den Sechspersonenhaushalt, den sie ohne jede Hilfe bewältigen muß. «Er explodiert, wenn die Kinder dabei sind, faucht mich wegen Kleinigkeiten an, Peter hat das auch schon probiert nachzumachen, ich verlasse dann schweigend den Raum, einer muß ja den Respekt haben.» – «Ich wundere mich, daß sich die Kinder bei dem gespannten Verhältnis noch so gut entwickeln.»

Man gewinnt aber trotzdem den Eindruck, daß die Mutter ihren Mann noch gern hat. Das Verhältnis der Kinder zum Vater sei «Respekt, gemischt mit Angst und Liebe». Der Sohn ist «sein Abgott», sein spezieller Liebling aber ist das jüngste Mädchen. Der Vater hat viel zu tun, ist nervös, spricht nicht mit den Kindern, er möchte, daß man sie einfach nicht bemerkt. Manchmal geht er sonntags mit ihnen spazieren. Wenn er etwas sagt, und zwar ganz leise, dann parieren die Kinder sofort, bei der Mutter erst bei «Lautstärke zehn». Der Vater muß für die Kinder eine erhebliche Respektsperson sein.

Die Mutter dagegen versuchen die Kinder «um den Finger zu wickeln». Ihre Erziehungsmittel sind «Kloppe» und «Vernunftargumente». Ihre Erziehung scheint äußerst inkonsequent zu sein. Sie redet sehr viel auf die Kinder ein, gibt pausenlos Anordnungen, Ermahnungen, Befehle, ohne sie auch nur im entferntesten durchhalten zu können.

Die Mutter zieht eher den Jungen etwas vor, der Vater die Mädchen.

Das Verhältnis der Geschwister zueinander ist gut, «sie kloppen sich und lieben sich». Peter will manchmal den Ältesten herauskehren, er benimmt sich wie ein «Pascha», versucht Erziehungsmaßnahmen an den Mädchen. Die Mutter hat ihm gesagt: «Was hier zu kloppen ist, kloppe ich.»

Die Mutter macht sich gar nicht so viel Sorge um Peter, ohne Anstoß der Lehrerin wäre sie nicht gekommen, sie hofft allerdings mit dem Vater, daß Peter einmal einen akademischen Beruf ausüben wird.

Peter hat jetzt «alle Nase lang 'nen andern Freund; sucht sich Freunde, die nichts taugen, die dümmer sind, mehr Unsinn machen und von denen er nichts lernen kann». Er spielt jetzt mit Gleichaltrigen.

Früher heulte er, wenn die andern ihm was taten, jetzt «kloppt er drauf, auch auf Größere». Früher lief er heulend zur Mutter. Sie reagierte: «Wenn du nochmal kommst, die haben mich gehauen, haue ich dich auch noch.» Sie hat ihm klargemacht, «die hauen dich, weil sie sehen, daß du heulst, würdest du dich auch wehren, hauten sie dich nicht mehr».

Bei Fremden ist Peter sehr zurückhaltend. Engere Beziehungen zu Menschen außerhalb der Familie bestehen nicht.

6. FAMILIENANAMNESE

Der Vater stammt aus Norddeutschland, ist Einzelkind. Er war in einem Internat. Der Großvater väterlicherweits war ein kleiner Beamter. Die Großmutter hat ihrem Sohn «die Ordnungsliebe mit dem Holzlöffel eingeprügelt».

Die Mutter stammt aus einer lebenslustigen, kinderreichen rheinischen Großstadtfamilie und kann sich in einer westfälischen Kleinstadt gar nicht eingewöhnen.

7. EINDRUCK VON DER MUTTER

Die Mutter ist eine große, pyknische Frau. Es scheint, daß sie nicht viel Geld für ihre Kleidung verwenden kann. Sie ist sehr temperamentvoll, redet viel, laut und zeitweise in burschikosen Formulierungen. Es ist nicht immer leicht, bei der Fülle der lebensprallen Bilder, die sie schildert, die notwendigen sachlichen Fragen beantwortet zu erhalten. Sie wirkt durchaus selbstbewußt und ist ihren Kindern in mütterlich warmer Weise zugetan. Ihre Haltung zu Peter ist trotz der Schwierigkeiten, die ihr der Junge macht, durchaus wohlwollend. Ihre Aussagen scheinen im ganzen verläßlich; doch dramatisiert sie gern; vielleicht bagatellisiert sie andererseits die Schwierigkeiten des Jungen. Der hervorstechendste Eindruck war der einer grenzenlosen Inkonsequenz in der Erziehung.

Der Kontakt zum Erziehungsberater war von der Begrüßung an ausgezeichnet. Es war starkes Mitgefühl vorhanden, da die Mutter augenscheinlich überfordert ist. Allerdings fühlte sich der Erziehungsberater nach der Anamnese recht erschöpft.

AUSWERTUNG DER ANAMNESE PETER K.

1. Störungen durch Umweltfaktoren

a) Lebensraum:
Bis zum fünften Lebensjahr auf einem Zimmer bei den Großeltern gewohnt. Heute unabgeschlossene Wohnung, Mangel an Spielraum. Lange Zeit ungünstige wirtschaftliche Verhältnisse.

b) Erziehungsmilieu:
Verwöhnung durch die Großeltern in der Frühkindheit bei gleichzeitiger Versagung, Abstillen der Mutter wegen notwendiger Berufstätigkeit. Fehlen des Vaters zwischen zweieinhalb bis vier Jahren. Vater hat erhebliche zwangsneurotische Züge, er hat überhöhte Ansprüche an den Jungen im Hinblick auf Ruhe, Ordnung, Konzentration und Schulleistungen. Er ist streng und kühl. Die Mutter dagegen ist warmherzig, aber äußerst inkonsequent, mit pausenlosem

Einreden auf die Kinder und stark schwankenden, nicht immer altersadäquaten Forderungen.

c) Entwicklungsphasen:
Mutter wünschte sich Tochter, heftiges Unterbinden des Trotzes, andererseits Aufforderung zur Aggressivität gegenüber fremden Kindern. Einschüchternder Einfluß eines Kinderheimes. Einschulung bei sozial nicht schulreifem Kind, seitdem Stottern. Zu viel Hilfe und Üben bei den Schularbeiten.

2. Körperliche Krankheiten

Hirnschaden muß erwogen werden, Geburt wurde eingeleitet, möglicherweise Zange, Köpfchen verformt. Allergien, Neurodermitis, häufige Erkältungskrankheiten (Tbc?).

3. Konstitution

Sehr unruhiger, labiler, körperlich und seelisch anfälliger Junge. «Neuropathie.»

4. Weitere auffällige Verhaltensweisen

Lange Zeit Eßschwierigkeiten, schon als Kleinkind Einzelgänger, Kontaktschwierigkeit, dann wieder sehr aggressiv. Von früh an tyrannisiert er die Familie mit seinem Verhalten und erreicht dadurch, was er will.

5. Positive Umwelteinflüsse und Persönlichkeitszüge

Erwünschtes Kind, normale statische und Sprachentwicklung, darf sich schmutzig machen, kann abgeben, vernünftige Aufklärung. Hat viel Phantasie, liest bereits selbständig im zweiten Schuljahr, große Tierliebe.

6. und 7. Hinweise für eine dynamische und genetische Diagnose

Augenscheinlich handelt es sich um ein konstitutionell körperlich und seelisch anfälliges Kind, das auf alle Reize besonders stark anspricht *(Neuropathie)*. Ob diese Anfälligkeit, die erhebliche motorische Unruhe, die resultierenden Konzentrationsstörungen Folgen eines *Hirnschadens* sind, muß erwogen werden (Klärung durch medizinische und psychologische Untersuchung). Ein Kind mit einer so gearteten Konstitution reagiert besonders empfindlich auf alle Störreize; andererseits stellt dieser unruhige Junge eine starke Belastung für die ohnehin überforderte Mutter dar. Eine *Minderbegabung*, die für die schlechten Schulleistungen verantwortlich zu machen wäre, läßt sich wohl ziemlich sicher ausschließen. Dagegen sprechen die altersentsprechende statische und Sprachentwicklung und die Fähigkeit, Mitte des zweiten Schuljahres bereits fließend zu lesen.

Der Junge steht als Zankapfel zwischen den Eltern, geliebt und gleichzeitig abgelehnt, verwöhnt und wieder stark frustriert, durch den Vater isoliert, von der Mutter mit Aufmerksamkeit und Erziehungsmaßnahmen überhäuft. Die Symptomatik legt eine strukturelle Verwahrlosung als Ursache nahe. Der harte Vater verhindert die Identifikation des Jungen, die inkonsequente Mutter, die dazu noch die Aggression außerhalb des Hauses fördert, erschwert die Bildung einer ausreichenden Steuerungsfähigkeit. Wertende und steuernde Instanzen bleiben in ihrer Entwicklung zurück. Wahrscheinlicher aber erscheint es, daß die Schwierigkeiten Ausdruck einer *echten Neurose* sind. Das Verhalten der Eltern drängt den Jungen in erhebliche Ambivalenzen gegenüber seinen eigenen Triebansprüchen. Bei positiver Bindung an die Mutter werden aggressive (Trotz) und libidinöse Wünsche verdächtigt. Hemmungen und Verdrängung entstehen, gleichzeitig resultieren typische Verhaltensmuster, mit denen er die Familie im Sinne von «Riesenansprüchen» tyrannisiert. Daumenlutschen läßt sich als Zeichen der Regression verstehen; das Stottern ist die Antwort auf den Schock der Einschulung, auf deren Realität er bei seinem *seelischen Entwicklungsrückstand* nicht vorbereitet war (Leistungsversagen). In Belastungssituationen kommt es zu Ausweichreaktionen (Lügen).

DIAGNOSE NACH DEN UNTERSUCHUNGSBEFUNDEN

Psychologisch (HAWIK, BENTON) und medizinisch (neurologisch o. B.) lassen sich keine Hinweise für eine frühkindliche Hirnschädigung finden. Intelligenz überdurchschnittlich, Hawik Gesamt IQ 119, Verbal 110, Handlung 124. Schulleistungen gut durchschnittlich, nur etwas flüchtig. Konstitutionelle und milieubedingte Unruhe wirken zusammen. *Beginn* einer echten *Neurose mit Binnenkonflikt*, stark gestörtes Selbstgefühl, aggressive Antriebe werden zu verdrängen gesucht, die Verdrängungsdecke ist dünn, es kommt leicht zu Durchbrüchen. Übersteuerung und Explosionen stehen nebeneinander. Angstbewältigung der Unsicherheit vor allem durch Geltungsanspruch, Vergrößerung der eigenen Person, zuviel an Vornahme, Plänen, Leugnen der Gefährlichkeiten der Welt.

KATAMNESE

Spieltherapie erzielte nur leichte Besserung, da der Vater nicht zur Mitarbeit bereit war, die Mutter sich wohl einsichtig zeigte, aber ihre Einsichten nicht in die Tat umsetzen konnte. Vor allem die Schule drängte auf Heimeinweisung. Die Aufnahme in ein therapeutisches Heim ließ sich aus finanziellen Gründen nicht realisieren. Unterbringung in einem kleinen Volksschulinternat mit Heimschule. Die Symptomatik besserte sich dort erheblich, das Stottern hörte auf. Nach zwei Jahren Umschulung aufs Gymnasium. Dabei treten bis auf das Stottern die alten Schwierigkeiten wieder auf. Unterschlagung von schulischen Arbeiten. Nichtanfertigung von Schularbeiten, daraufhin mehrmaliges Schulschwänzen und anschließend Verweisung von der Oberschule (Sexta).

2. ANAMNESE KARL F.

Es handelt sich um die ersten dreißig Minuten der Anamnese. Die Nachschrift ist wörtlich; es sind keine Aussagen der Mutter oder des Erziehungsberaters ausgelassen.

M. = Mutter
B. = Erziehungsberater
K. = Karl

B. Bitte, nehmen Sie Platz. Sie waren nicht zur Anmeldung hier. Sie haben es telephonisch gemacht?
M. Ja, telephonisch. Und ich komme eigentlich, ich weiß nicht... Ich bin bei der Klippe mit K. gelandet, wissen Sie... Wir sind sechzig aus der Zone gekommen, im Herbst 60... und da hatte er noch keine Schule, weil das ja im Herbst anfängt... Und, na, die hatten ja schon seit Ostern Unterricht, aber er ist dann mitgekommen, ist auch versetzt worden, alles... Und nun war voriges Jahr die Prüfung, da ist er also durchgerasselt – miserable Leistungen in Rechtschreibung. Und die kriege ich auch nicht 'raus aus dem Jungen. Und nun bin ich schon so verzweifelt, daß ich manchmal denke, vielleicht ist es falsch, daß ich ihn zur Oberschule... also... zwinge; auf der anderen Seite kann er doch nicht in die Volksschule weitergehen, wissen Sie. Erziegungsmäßig habe ich keine besonderen Schwierigkeiten mit ihm. Er ist eben... er hat zwei Schwestern, er ist der Kleinste... Mein Mann ist gestorben. Das sind alles Umstände, die natürlich mitsprechen... Ich komme bei ihm bis zu einem gewissen Punkt, und dann verschließt er sich. Nun finde ich immer, Eltern sollten ruhig Kindern auch mal eine Geheimsphäre lassen, wissen Sie... Nicht immer alles wissen wollen... Aber nu auf der anderen Seite fehlt ihm natürlich der Vater. Ich bin viel zu sensibel, ich kann ihn nicht verprügeln, er müßte meinetwegen rechts und links um die Ohren... das kann ich nicht. Nun bin ich so weit, daß ich mir überlege, wenn es nichts wird, ob ich ihn in ein Internat gebe, was ich entsetzlich ungern täte. Aber auf der anderen Seite ist er dann in einer Jungensgemeinschaft, das ist vielleicht auch nett. Es gibt ja vielleicht auch nette... Aber es ist, es kommt mir einfach wie ein Versagen vor. Ja, und nun dachte ich, ich weiß ja nicht, wie diese Teste sind, also ein Begabtentest, ich weiß nicht, wie er veranlagt ist, irgend etwas... Eltern sehen das ja bei ihren Kindern nie klar. Fremde sehen das ja wahrscheinlich besser...
B. Ja, sicher, dafür sind wir ja auch da...
M. Sie können das irgendwie feststellen... Er ist auch sehr – leider Gottes – sehr sensibel... empfindlich und... ja, es ist schwierig. Nun bin ich vielleicht auch... Es liegt sicher viel an mir, ich selber muß es sagen. Aber dann würd' ich daraus überhaupt gar kein Problem machen, dann ginge das eben hauruck, wenn das nicht geht, dann geht es eben anders rum und so... Aber

ich muß ja versuchen, der muß ja sein Abitur machen. Das ist ja in unserer Familie noch nie vorgekommen, nicht? Er kann es auch, er hat auch Interesse, also, meines Erachtens. Wenn sie mir nun sagten, daß er ein mangelhaft begabtes Kind, ein unbegabter Junge, gut, dann kann er nichts dafür. Dann wäre es ja eine Quälerei, wenn man ihn drillte, nicht?...
B. Entschuldigen Sie, wenn ich mitschreibe... Sonst kommt das bei den vielen Kindern durcheinander, ja?
M. Ja natürlich, sonst geht es ins Uferlose...
B. Nein, das ist es weniger, das macht nichts. Vielleicht können Sie mir noch etwas mehr schildern, welche Schwierigkeiten Sie haben.
M. Die Schwierigkeiten... jetzt hab' ich mir vorgenommen nach diesem Reinfall. Jeden Tag machen wir ein Diktat, drei Sätze, mehr nicht, er macht es, aber schnell, immer hoppel, hoppel... Und Ostern ist weit, ist lange hin und gibt sich keine Mühe, schmiert, und das macht mich wütend, wissen Sie... Ich hab' immer das Gefühl, wenn er wollte, könnte er. Wie kann ich denn da den Ehrgeiz wecken, es ist ja so, daß er allmählich eine Art Schulpsychose kriegt, das ist ja doch albern, nicht? Es hat ihm auch einen Schock gegeben, daß er jetzt... er geht jetzt ins fünfte Volksschuljahr, daß er dann weiter in die Volksschule geht, das behagt ihm selber nicht...
B. Ja, natürlich...
M. Nun wohnt er auch unglücklicherweise in einer scheußlichen Gegend, das ist solche neue Siedlungsgegend, da wohnen wirklich furchtbare Leute, er hat auch keine netten Freunde auf der Volksschule. Die netteren sind weg aus seiner Klasse, nicht, und das ist auch nicht so sehr glücklich, in dieser Situation...
B. Darf ich noch einmal fragen. Der Junge ist in Jena geboren? Und wo haben Sie dort gewohnt? In der Stadt?
M. Ja, in der Stadt...
B. Und die ganze Zeit in der gleichen Wohnung...
M. Das war mein Elternhaus, wir hatten eine Etage oben, das war sehr hübsch, es war eigentlich ideal, nicht...
B. Und Sie sind dann 1960 hier nach D. gekommen? Gleich in diese Wohnung, in der Sie jetzt wohnen?
M. Gleich in diese... nein, zuerst hatten wir eine andere... in einem Hochhaus ein kleines Appartement, war auch viel zu eng, aber wir waren ja froh, und dann sind wir im Frühjahr 1961 in die Wohnung gekommen. Die Wohnung ist ganz nett...
B. Wie groß ist sie denn wohl?
M. Achtzig Quadratmeter und kein bißchen Garten und kein Balkon, und dann... Wissen Sie, diese Siedlungsblöcke, die sind ja also... Wohnkasernen sind das ja... Und es ist sehr schwer, herauszukommen, furchtbar schwer. Aber das ist ja vielleicht auch nicht ausschlaggebend.
B. Und darf ich es noch mal ganz genau wissen? K. hat noch Geschwister?

M. Ja, zwei Schwestern, die eine...
B. Wie alt sind die denn?
M. Achtzehn ist meine älteste Tochter, und die zweite ist dreizehn.
B. Ach so, sind die jetzt auch bei Ihnen?
M. Die sind alle drei zu Hause.
B. Was machen die denn?
M. Die eine, die älteste, geht in die Frauenfachschule in D. und die andere geht noch zur Schule... Die ist, also da hat's auch nicht geklappt, die ist auf der Realschule. Aber bei einem Mädel, die ist ja, die hat ja dann viele Möglichkeiten... aber bei K., also... da möchte ich auf alle Fälle, das geht gar nicht anders...
B. Vielleicht darf ich einmal fragen: Sie sagten, Sie sind aus der Ostzone gekommen, und er war noch nicht in der Schule. Er wurde ja dann im Juni sieben, als er eingeschult...
M. Ja, er ist dann schon mit sieben Jahren in die Schule hier gekommen. Er war sieben Jahre, als er in die Schule hier kam.
B. Wann sind Sie denn herübergekommen?
M. Im Herbst 1960.
B. Und dann ist er ins erste Schuljahr hier eingeschult worden? Dann wa. volle sieben?
M. Dann war er volle sieben.
B. Und wie hat es dann da gegangen, also er mußte dann ja einspringen in die Klasse...
M. Ja, das ist eigentlich, im Laufe des Winters hat sich das so eingespielt, ganz gut gegangen, überraschend...
B. Drüben war der Einschulungstermin später, da wäre er im September in die Schule gekommen?
M. Da wär' er im September in die Schule gekommen. Ach Gott, ich meine, nur daß das nicht so auffiel, er hat hier also... Ich hatte es vorher schon mit dieser Fibel mal versucht, die hatte ich mal besorgt, und ihm so 'n bißchen beigebracht. Aber es war Nullkommanichts, die Kenntnisse, die er da mitbrachte...
B. Wie war es denn? Wollte er wohl in die Schule, oder hatte...
M. O nein, er geht an und für sich furchtbar gern in die Schule. Ich möchte auch nicht, daß er jetzt... also... einen Widerwillen gegen die Schule hat. Das täte mir furchtbar... Er liest auch furchtbar gern... Ich erzähle ja alles durcheinander.
B. Das macht überhaupt nichts...
M. Er liest auch furchtbar gern, hier zum Beispiel mit Wonne die Parsival-Sage, das ist nett. Und «König Arthurs Tafelrunde», und... Alles wild durcheinander. Das müßte auch geregelt werden irgendwie, nicht?
B. Und wie war es dann, als er eingeschult wurde? Sie meinten, er wollte wohl gern in die Schule.

M. Ja, er hat sich ja gelangweilt, wir sind ja immer alle...
B. Und wie hat es dann gegangen, wie er in die Klasse kam? Vielleicht können Sie das ein bißchen beschreiben? Wie er dann eingesprungen ist?
M. Na, zuerst hat natürlich von Tuten... gar nichts gewußt...! Er hatte nun eine sehr nette Lehrerin, eine über Sechzigjährige, die er... also ihn pädagogisch sehr nett geführt hat und... Die hat ihn dann immer mal gefragt, Sachen, die er schon wußte, so etwas. Da waren keine Schwierigkeiten... Keinerlei Schwierigkeiten, Schwierigkeiten stellten sich heraus mit der Zeit, mit der verfluchten Rechtschreibung.
B. Wie lange hat's denn wohl gedauert, bis er im ersten Schuljahr, bis Sie so den Eindruck hatten, er ist drin?
M. Also... vielleicht im Januar, Februar... doch, so lange hat es doch gedauert. Es war auch erst einfach so, die Lehrerin sagte, ich will das probieren, das ist in meiner Praxis noch nicht vorgekommen, eventuell muß er eben Ostern noch mal anfangen, aber da er ja nun schon ziemlich alt war, wollten wir das natürlich gern umgehen...
B. Wie hat er sich dann in der Klasse zurechtgefunden?
M. Gut, er ist auch anpassungsfähig und so... und, ich wüßte nicht, daß da irgendwie besondere Schwierigkeiten sind, nö...
B. Und wann tauchten die ersten Schwierigkeiten auf?
M. Da ging es ganz gut, das erste Schuljahr... Ostern wurde er also versetzt, das war also schon im ersten Jahr, nicht? Und dann im zweiten Jahr, da hieß es dann immer noch letzten Endes, als Entschuldigung, von mir aus gesehen, das arme Kind, ist ja zu spät in die Schule gekommen. Aber allmählich stellte sich dann doch heraus, daß er diese... blödsinnige Rechtschreibung, Rechnen ging gut, Aufsatz nett, alles... Er vermasselt sich jeden Aufsatz durch diese blöde Rechtschreibung. Aber... meines Erachtens, er konzentriert sich nicht.
B. Können Sie das mal etwas schildern?
M. Ja, also zum Beispiel, meinetwegen: Ich will heute spielen gehen, vergißt er bei «heute» das «e», schreibt er überhaupt nicht hin, und wenn es geht, sämtliche I-Punkte und Ä-Strichelchen. Also, ich sag' immer, guck doch nur bloß hin... Nicht? Ich sag' ihm jetzt nichts mehr... Ich sage: in dieser Zeile hast du was falsch gemacht. Was hast du da falsch gemacht? Irgendwie unlustig geht er da dran und... Es ist also einfach stinkende Faulheit, ich weiß es nicht.
B. Mit welcher Methode hat er im ersten Schuljahr angefangen?
M. Die Ganzheitsmethode...
B. Die Ganzheitsmethode, und da konnten...
M. Da bin ich ja so dagegen, gegen die Ganzheitsmethode, wissen Sie. Ich weiß... ich bin ja keine Pädagogin. Es gibt ja ein logisches... ich glaube, der Junge, ich weiß es nicht, der ist für ein logisches Denken. Und die müssen

das ja bildhaft erfassen, die Schrift und die Schriftbilder, nicht? Ich glaube, ihm wäre mehr gedient, mit der alten Methode, aber das ist ja nun einmal die neue, wo Buchstabe neben Buchstabe als Wort eben zusammengesetzt wird. Ich weiß nicht, ob das bei manchen Kinder... bei anderen Kindern auch so ist. Bei manchen wenigstens...

B. Wie weit waren sie denn schon, die Kinder, als er da einsprang, konnten sie da schon so kleine Sätzchen lesen?

M. Nee, nee, ach, wo... es wurde vorgelesen, so einzelne Worte wie – Pilze und so was. Noch mehr konnten sie noch nicht. Lesen, das war ein Raten, wissen Sie... Es ist ja auch eine Ratemethode, dieses hier...

B. Und dann noch eine Zwischenfrage: ist er Links- oder Rechtshänder?

M. Rechts...

B. Rechts, von Anfang an?

M. Von Anfang an.

B. Und wie... könnten Sie das noch ein bißchen weiter schildern, wie das dann... Wie Ihnen das nachher deutlich geworden ist. Sie sagten ja...

M. Die Zensuren in den Diktaten waren miserabel...

B. So ab zweites Schuljahr?

M. Ab zweites Schuljahr... Es wurde immer schlechter, und... Und nun war da die Prüfungsordnung, wo jeder also aufgenommen werden kann, also, und da hat der Lehrer gesagt, die ging ab, die alte Lehrerin, «probieren Sie, schicken Sie ihn zur Prüfung». Nun kann ich ja aber den Jungen auch nicht, wissen Sie, zuviel experimentieren, das ist ja... das verwirrt ja ein Kind, nicht? Dann wird er kopfscheu, das geht ja auch nicht. Ich will auch nicht, daß er die Lust an der Schule verliert... daß das nicht wie ein Schreckgespenst da über ihm ist. Das nimmt ihm ja alle Freude an der Jugend, das ist ja gräßlich.

B. Ja natürlich. Wie ist es denn gewesen in den andern Fächern?

M. Rechnen war ganz gut.

B. Wie hat er denn da so immer in etwa gestanden?

M. Befriedigend bis gut.

B. Und wie waren die Noten in dem Zeugnis jetzt Ende des vierten Schuljahres?

M. Befriedigend, bis auf dieses verfluchte Rechtschreiben.

B. Wie stand er denn da?

M. Mangelhaft, also fünf. Da hat der Lehrer ihm, was falsch war, dann doch noch 'ne vier, also vier ist ausreichend, gegeben. Meines Erachtens hat er eine sechs verdient.

B. Er war so schlecht?

M. Ja also, miserabel. Und wir haben es auch versucht mit Nachhilfestunden, irgendwie. Nun mach' ich das aber selber, wissen Sie, das hat ja gar keinen Zweck. Ich weiß nicht, vielleicht ist er einfach unbegabt, aber... Ich habe ja

nun drei Kinder, ich würde sagen, die andern sind viel dämlicher, aber die schaffens...
B. Wie waren denn die Noten genau, können Sie die in den Fächern nochmal sagen? Also Ende des vierten Schuljahres?
M. Also in jedem Fach, gut, was haben sie denn im Vierten drin?
B. Rechtschreiben, Lesen und Aufsatz...
M. Ja, das war... Aufsatz auch gut, und Handschrift ist miserabel schlecht, da hat er aber auch ausreichend gekriegt, was sind denn noch...? Religion ist seine Glanzstärke, biblische Geschichte liebt er heiß und innig... hat er auch gut gehabt...
B. Dann gibt es, glaube ich, noch Heimatkunde?
M. Heimatkunde hat er befriedigend gehabt, und was gibt's denn noch? Turnen hat er gut gehabt...
B. Und Musik...
M. Ja, Musik, da hat er, glaube ich, befriedigend gehabt. Also, ein Glanzzeugnis war es nicht, aber wenn das Rechtschreiben nicht wär', wär's gegangen, nicht?
B. Natürlich, ja. Wie ist es denn von Anfang an gewesen mit den Schularbeiten, können Sie das ein bißchen schildern?
M. Ja, er macht es gern, wenn er nach Hause kommt, sofort... mit Feuereifer geht er an die Schularbeiten. Aber das legt sich jetzt leider auch. Er möchte das gern hinter sich haben, wissen Sie. Ehe er spielt, möchte er, sozusagen seine Pflichten erledigt haben, nicht? Möglichst gleich sofort, wenn er nach Hause kommt, da habe ich es auch eigentlich bei gelassen...
B. Es ist während der ganzen Schulzeit gewesen?
M. Während der ganzen Schulzeit, auch jetzt noch...
B. Und wie lange hat er etwa im letzten Jahr für die Schularbeiten gebraucht?
M. Na, er hat doch schon anderthalb Stunden zum Schluß gemacht, jetzt macht er wieder weniger, in der fünften ist ja nichts... Ewig sind ja Sonntage, aber er macht zum Beispiel nicht die mündlichen Schularbeiten fertig. Nun sage ich: K., räum deine Schulsachen zusammen, mach den Ranzen für morgen. Und das krieg' ich nicht rein in den Jungen, das fliegt... alles liegt da, und nachher auf dem Bett. Ach, das mach' ich heute abend, und wupp wupp wupp, ist er weg. Das sind so Kleinigkeiten, wissen Sie. Denn denke ich manchmal, er hat auch einfach keinen Respekt vor mir, wissen Sie... Er müßte das ja aus Angst tun letzten Endes. Und wissen Sie, daß ich nur prügle und schreie und schimpfe, das kann ich auch nicht. Dazu ist er auch, wissen Sie, er ist ein lieber kleiner Kerl, er ist nicht bösartig, nein gar nicht. Ich versteh' das nicht, ein klein bißchen, diesen gewissen Ordnungssinn...
B. Also, wenn ich Sie recht verstehe, ist es so, daß Sie ihn nicht treiben...
M. Gar nicht...

B. Daß er sich hinsetzt und durcharbeitet? Und das ist etwa auch immer gewesen?

M. Von Anfang an.

B. Und wie haben Sie es gehalten mit dem Nachschauen?

M. Nun ja, dann hat er geschrien: Mami, ich bin fertig, komm zum Gucken, und dann bin ich dann auch gehorsam gekommen, habe ich nachgeguckt, nicht? Und dann haben wir unser kleines Übungsstündchen, haben wir dann gegen Abend, damit er auch mal ein bißchen spielen konnte.

B. Aber Sie meinten doch, er wäre so unkonzentriert. Könnten Sie das ein bißchen beschreiben? Wie sich das äußert...

M. Na, er neigt furchtbar zur Flüchtigkeit, wissen Sie? Schmiert da was hin, hopp hopp hopp, möglichst schnell muß es gehen, und streicht denn durch, dick und... Es ist kein sauberes Schriftbild, will ich mal sagen. Es liegt aber alles, glaube ich, auf derselben Basis einer gewissen Unordnung, die in ihm drinsteckt. Stört ihn auch gar nicht, wenn sein Zimmer wüst aussieht wie sonst was. Aber ich mein', vielleicht ist das bei anderen auch so. Ich möchte eben gern, daß er nun diesen Ranzen wegpackt, diese Kleinigkeiten, nicht? Daß das abgeschlossen ist... Und sonst... Er weiß genau, es ist zum Beispiel, Dienstag hat er Turnstunden extra nachmittags, dann geht er zum Turnen und Turnunterricht, da muß er um sechs Uhr hin, nicht? Und nun ist ja nun oft so, daß sie gerade...

B. Ist das von der Schule aus oder?

M. Nein, das ist privat, das ist... das ist ein Herr Müller, der gibt da so etwas Geräteturnen und so weiter, das kommt in der Schule viel zu kurz, Sportunterricht, nicht? Da gehen wir alle hin, die Großen gehen zur Gymnastik hin und... Das wäre also, um sechs soll er da hingehen und schon seit vielen Jahren jeden Mittwoch das Theater, wo ist der Junge, halb sechs, halb sechs, K. ist nicht da, nicht? Das ärgert mich so, das macht mich so wütend, er weiß es, daß er das Turnen hat, er denkt aber, Gott nu ja, Mutti da oben, spielen wir da draußen so wundervoll Räuber und Gendarm... nicht? Ist ja nicht so gefährlich, und so. Das ist eben wahrscheinlich denn auch mein Versagen. Aber was soll ich denn machen, soll ich ihn verprügeln, wahrscheinlich?

B. Na, das müssen wir erst mal sehen, wenn wir den Jungen ein bißchen kennengelernt haben.

M. Lernen Sie den kennen? In der kurzen Zeitspanne?

B. Oh, das glaube ich doch.

M. Ja, selbstverständlich...

M. Ich meine, die Schwierigkeiten... ernsthafte Schwierigkeiten. Andere Leute würden wahrscheinlich den Kopf schütteln, daß ich hierher gehe, nicht? Ernsthafte Schwierigkeiten habe ich an und für sich mit dem Jungen nicht, nur bei der Klippe, daß ich mich entscheiden muß, was wird nu Ostern, wenn er wieder so reinrasselt? Er macht es den Lehrern auch nicht leicht, will ich

mal sagen, er guckt die auch mal böse an, er ist nicht... kein Kind, was sich beliebt macht, will ich mal sagen, er ist sehr zurückhaltend, eher scheu, will ich mal sagen.
B. Wie ist er denn überhaupt während der Schulzeit mit seinen Lehrern zurecht gekommen?
M. Och Gott, er ist... erstens ist er furchtbar... dann ist er sehr schwatzhaft noch dazu, ärgert die Lehrer natürlich durch Schwatzhaftigkeit und ist sonst ganz gut zurecht gekommen, also... Schwierigkeiten sonst... Tadel ist da sonst nie gekommen.
B. Hat er, sagen wir mal, eine Lehrerin oder einen Lehrer gehabt, die er sehr leiden mochte, oder gab es auch welche, die er mal richtig ablehnte? Die ältere Lehrerin...
M. Die ältere Lehrerin, die war nett, die war streng und nett und gut, die hat er eigentlich gern gemocht, Fräulein M. die mußte dann leider nach dem dritten Schuljahr abgehen. Dann hat er einen Herrn L...., den Zeichenlehrer der Schule gehabt, das war sein...
B. Welchen Lehrer? Den...
M. Er hat einen Herrn L...., den Zeichenlehrer, der war eine Null, der war nu auch schon über sechzig und... also... Ich kann ja nicht als Mutter die Partei der Kinder nehmen gegen die Lehrer, das geht nicht, das kann man ja nicht machen... Aber das was er da so erzählte, das war einmalig. Das sind eben diese Folgen von diesen Lehrermängeln, daß die nu ewig weiter unterrichten müssen. Da hat er nichts gelernt bei dem Lehrer, gar nichts. Das war noch gerade im vierten Volksschuljahr...
B. Jetzt im letzten Jahr?
M. Ja, das war ein großer Reinfall mit diesem Lehrer... Und wen hat er denn jetzt? – Jetzt hat er einen sehr strengen und das ist ganz gut und... Daß er besonders für eine Lehrerin schwärmt oder die nu sehr nett findet...
B. Das ist nicht...
M. Lehrer und Schule, das ist eben... Gott, da geht man eben hin und so.
B. Ja dann noch mal zurück, so etwa das zweite Schuljahr. Wie ist es denn gewesen, hat er die gleichen Schwierigkeiten auch beim Lesen gehabt?
M. Nööö, es war eigentlich da normal...
B. Das war verhältnismäßig... Wann hat er denn angefangen, daß er selber so kleine Geschichtchen in so Kinder...
M. Im zweiten Schuljahr...
B. Auch daß er die schon selbständig las...
M. Ja, er ist sehr für Lesen, er liest gern... wie ein Wilder. Da hat er angefangen, das zu entziffern und so... Und...
B. Also Lesen konnte er verhältnismäßig schnell...
M. Konnte er verhältnis... och Gott, ich will mal sagen, nicht schneller als die andern Kinder... und da waren auch keine Schwierigkeiten...
B. Und wann hat er angefangen, daß er selber richtige Bücher liest...

M. Ja, im zweiten Schuljahr...
B. Da hat's schon angefangen?
M. Jaja, da hatten wir noch Bücher von den Großen, die Kinderbücher, da hat er sich selber bei der... Er geht zur Jugendbücherei... da hat er angefangen, da hat er 'rausgekriegt, wann die halten und so, nu kommt er abends mit so einem Stapel Bücher nach Hause...
B. Kann er auch wiedergeben, was er gelesen hat?
M. Ich glaube... doch, er erzählt mir's, aber nicht... nicht sehr gut, will ich mal sagen, er liest, will ich mal sagen, viel zu viel. Er ist auch... er ist irgendwie auch ein... nervöser Junge, drum habe ich auch nicht... ich hätte ihm gern auch noch Musikunterricht irgendwie gegeben, weil wir alle ein Instrument spielen, aber das ist eben zu viel... das hat keinen Zweck. Nun hatte ich jetzt bei der Prüfung, bei dieser Oberschulprüfung, da hatte ich doch mit diesem Oberstudienrat, der meinte auch, man merkte auch, daß der Junge sich beschäftigt und Märchen liest, aber leider bei der Wiedergabe hapert es, der mündlichen Wiedergabe wahrscheinlich.
B. Haben Sie denn mal ausprobiert, wenn er mal etwas abschreiben muß?
M. Ja, nicht ganz so viel, aber er macht auch da Fehler...
B. Macht er auch Fehler?
M. Himmeldonnerwetter, er kann noch nicht mal abschreiben...
B. Aber er macht mehr Fehler, wenn er auswendig schreibt?
M. Ja...
B. Und wie ist es denn, vom Diktat zum Aufsatz? Ist da ein Unterschied bei den Fehlern?
M. Nö, ist nicht... Ist so ungefähr das gleiche.
B. Und können Sie ein bißchen beschreiben, was für Fehler er macht? Sie sagten schon, er läßt Ä-Strichelchen weg...
M. Ja, die läßt er aus. Ich weiß, es gibt gewisse Fehler, die auf eine Anormalität schließen lassen, die sind bei ihm aber nicht der Fall, sagt die alte Lehrerin da. Er vergißt, wie gesagt, oft den letzten Buchstaben und... Nun auf einmal hat er Schwierigkeiten mit Groß- und Kleinschreiben, was früher gar nicht so war, so sehr und... Nein, es sind keine. Und auch keine Umdrehungen, daß er die Buchstaben also meinetwegen verwechselt... vorn und hinten... es sind gewöhnliche orthographische Fehler...
B. Wie steht er denn selber dazu, zu den Fehlern? Es ist doch...
M. Och, er ärgert sich, wenn er jetzt, wenn er jetzt zum Beispiel im Aufsatz Inhalt sehr gut und Rechtschreibung mangelhaft oder ungenügend und denn im ganzen nur befriedigend... das ärgert ihn natürlich, aber es ärgert ihn auch nicht zu sehr, wissen Sie. Er ist eben so...
B. Gibt es denn schon mal Situationen, unter denen er wenig Fehler macht?
M. Er machte zum Schluß bei dieser alten Lehrerin überraschend wenig Fehler... Wenn er weiß, ich glaube, er kann sich's nicht leisten, dann kann er weniger Fehler machen...

B. Sie haben ein bißchen das Gefühl, er nimmt sich nicht genügend zusammen?

M. Nee, er schlampt so dahin, wissen Sie.

B. Ist es so, daß er, sagen wir mal, wenn er sehr viel schreiben muß, daß er dann die Fehler gleichmäßig verteilt, oder daß er nach hinten...

M. Nö, von Anfang an... Von Anfang an. Irgendwie... und... Ist natürlich, wenn er manchmal... ein Kind ist ja auch manchmal müde, und... genau wie ein Erwachsener, dann macht er nur noch mehr Fehler, nicht?

B. Und Sie sagten doch, irgendwann hätte er mal Nachhilfestunden gehabt? Können Sie sagen, wann das war?

M. Ja, jetzt, also vor dieser Prüfung da, dachte ich, nimmst du vielleicht mal jemand Fremdes dazu. Da hatte ich einen sehr netten jungen Studenten, der hier in A. studiert, also, an dieser Pädagogischen Hochschule oder was..., der sich sehr bemüht hat...

B. Wann haben Sie das angefangen, mit den Nachhilfestunden?

M. Ich... Herbst, von Herbst bis Ostern.

B. Und wie oft hat er sie bekommen?

M. Wie oft ist er gekommen? Zweimal in der Woche... Er kam zu uns, nicht, er wohnte bei uns nicht, also... gegenüber. Aber der hat meines Erachtens viel zu viel gemacht, wissen Sie... Das hat keinen Zweck, bei so Kleinen so furchtbar viel, der war ganz durchgedreht hinterher...

B. Was hat er denn mit ihm gemacht?

M. Also, erst ganz lange Diktate und dann Rechtschreibung, und dann Aufsätze und dann Rechenaufgaben, alles hintereinander weg, und ihm dann furchtbar viel noch aufgegeben... Das war zu viel, nu hatte er ja auch noch die Schularbeiten zu machen, da hatte er den ganzen Nachmittag eigentlich genug zu tun.

B. Wie hat er denn da reagiert?

M. Oh, mit Unlust und mit Wut, und dann wird's ja schon nichts, wissen Sie... Aber er hat's gemacht, nicht, daß er dann nicht macht, nicht?

B. Er hat also nicht einfach unwillig abgeschaltet?

M. Nein, nein, er macht's. Er macht's, aber dann hat er doch geheult, zwischendurch und so was alles.

B. Und wie war es mit der Aufnahmeprüfung? An sich war es doch in diesem Jahr in Westfalen so, daß die Kinder schon Diktate und Aufsätze während des Jahres machten...

M. Während des Jahres... und wie gesagt, er hat die Diktate mit so viel Fehlern geschrieben, unser K., der mußte die Prüfung machen...

B. Der mußte die Prüfung machen... Und wie lange ist er da weg gewesen zur Oberschule?

M. Drei Tage war das, vier... drei Tage waren das..., er ist guten Mutes hingegangen und kam so vergnügt wieder, daß ich immer im stillen dachte,

mein Gott, sollte es vielleicht doch geklappt haben? Aber es hat nicht geklappt!
B. Was bekamen Sie denn da für einen Bescheid?
M. Der Junge ist... so 'n Vordruck, nicht: Der Sohn... Wir müssen Ihnen leider mitteilen, daß Ihr Sohn den Anforderungen nicht genügt.
B. Mehr nicht, also keine...
M. Ich wollte so gern mal mit einem Lehrer sprechen, die ihn da geprüft haben, aber es war nicht möglich. Die haben sich dann so abgeschaltet...
B. So daß Sie nur vermuten können, daß es an der Rechtschreibung gelegen hat, ja?
M. Ich vermute das, die haben allen möglichen Unterricht da gemacht... das ist ja einfach, wenn das nicht wäre, käme er ganz gut mit.
B. Wie hat er denn selber darauf reagiert?
M. Das ist ihm doch sehr nahegegangen.
B. Hatte er fest damit gerechnet, daß er...
M. Ja, er hatte es doch gehofft, und dann tut er mir so leid, dann trägt er das wirklich ganz, ich möchte beinah sagen, ganz mannhaft, wissen Sie... Da läßt er niemanden 'ran, also, er glaubt, er jammert da nicht laut und so. Er ist richtig unglücklich, das möchte ich nu auf der andern Seite auch wieder nicht.
B. Und wie steht er jetzt dazu? Zu der Oberschulfrage?
M. Ja, also, nu denkt er, jetzt ist Mai, und bis Ostern ist noch lange hin. Irgendwie wird das schon hinhauen, aber im Grunde genommen betrifft es ihn natürlich auch, nicht?
B. Sie glauben, daß er selber auch gern auf die Oberschule...
M. Ja, furchtbar gern.
B. Wie reagieren denn die älteren Schwestern?
M. Sie schimpfen ihn aus, warum bist du denn so faul, nimm dich doch zusammen, das ist doch albern. Du kannst es doch, und so. Und dann noch meine große Tochter, die wird jetzt neunzehn, also im nächsten Monat, das ist doch ein himmelweiter Unterschied, nicht? Mit der andern, mit der dreizehnjährigen, ist er ein Herz und eine Seele, die können auch zusammen... Ich weiß es nicht, was das ist.
B. Sind Sie schon mal mit ihm beim Augenarzt gewesen?
M. Ja, er hat eine Brille, eine kleine Lesebrille, wenn er mal an der Tafel sonst was sehen muß...
B. Was hat er da für eine Störung?
M. Kurzsichtigkeit, ich bin auch kurzsichtig, ich fürchte, er hat es wahrscheinlich geerbt.
B. Wann haben Sie das festgestellt?
M. Daß er in der Schule, daß er sagte, ich kann's an der Tafel nicht mehr so recht erkennen, nicht?
B. Wie lange hat er die Brille?

M. Ein Jahr...
B. Bei wem sind Sie in Behandlung...?
M. Bei Dr. Meier, Augenarzt Dr. Meier. Das ist ein älterer Augenarzt.
B. Und hatte der den Eindruck, daß es irgend etwas mit dem Schreiben zu tun hat? Oder nicht? Nur für dieses Lesen an der Tafel?
M. Jaja, jaja.
B. Und haben Sie den Eindruck, daß er manchmal Schwierigkeiten hat? Daß er irgend etwas nicht hören kann?
M. Nein, das ist es nicht. Die Ohren... hören tut er gut.
B. Vielleicht könnten Sie noch etwas von den Interessen von K. erzählen; was macht er, wenn er die Schularbeiten hinter sich hat?
M. Fußball natürlich, dann hat er ein Fahrrad...
B. Wie ist es denn mit dem Fahrrad, kann er da schon mit losfahren?
M. Überall, also, wenn ich in der Stadt bin, auf einmal, wer sitzt in der dichtesten Ampel vorn drin, wer schlängelt sich durch? Ist der K.
B. Kann man ihn unbesorgt fahren lassen?
M. Ich laß' ihn jetzt fahren, ja doch, da ist er ganz helle drin. Was vielleicht noch... ich weiß nicht, ob das ausschlaggebend ist... er hat eine zu enge Nasenscheidewand hier hinten, und da sind ihm jetzt diese – da hinten 'rausgenommen worden, Mandeln und alles, nicht? Und er hat sehr leicht 'nen Schnupfen und deswegen, wissen Sie, es gibt da so einen Typ von Kindern, den man... so mit offenem Mund dasitzen, nicht? Und das, der offene Mund hat sich jetzt gebessert durch die Rachenmandeln, aber vielleicht... da sagte einmal ein Ohrenarzt, solche Kinder sind immer gehandicapt, also irgendwie, im ganzen...
B. Wie meint er das denn?
M. Die sind irgendwie müde und abgespannt... das ist ja immer wie ein Druck, wissen Sie. Das ist aber jetzt alles klar, er hatte ja so Kieferhöhlenentzündung und Stirnhöhlenentzündung... also das ist jetzt gut. Aber er meinte, das ist eine Sache, die könnte man erst mit siebzehn bis achtzehn Jahren machen, hier oben die Nasenscheidewand, daß dann die Kinder richtig atmen können. Aber das kann er erst im erwachsenen Zustand machen, aber das kann ja auf die Rechtschreibung nun keine...
B. Ist er denn überhaupt schnell ermüdet?
M. Ja, er ist... nicht so furchtbar robust, robust ist er nicht, er ist nervlich nicht robust und körperlich nicht.
B. Wie äußert sich das denn noch? Können Sie...
M. Durch Knarrigkeit, daß er dann knarrig wird, wissen Sie... Wenn Kinder so knarrig sind, dann sind sie so...
B. Wieviel Schlaf braucht er denn?
M. Ziemlich viel, ich bin sehr dafür, daß er früh ins Bett geht. Nun haben wir Fernsehen, nicht... aber da bin ich ja nun auch nicht, nicht jeden Abend fernsehen, ab und zu mal, die Kindersendung, nicht?

ZUSAMMENFASSUNG
ANAMNESE KARL F.

Die Anamnese wurde von Dr. Ke. im Mai 1964 mit Karls Mutter durchgeführt. Der Junge ist elf Jahre alt.

1. Grund der Vorstellung

Karl wird vorgestellt, weil er Ostern 1964 die Aufnahmeprüfung für die Oberschule nicht bestanden hat.

Die Hauptschwierigkeit liegt für ihn seit dem zweiten Schuljahr bei der Rechtschreibung; er vergißt oft den letzten Buchstaben der Wörter, läßt manchmal einzelne Buchstaben aus und setzt die Oberzeichen sehr flüchtig. Selbst das Abschreiben gelingt nur fehlerhaft. In letzter Zeit fällt ihm auch die Groß- und Kleinschreibung schwer. Buchstabenvertauschungen kommen nicht vor.

Im Verlauf der Befragung erwähnt die Mutter noch, daß Karl sehr unordentlich ist. Das zeigt sich bei den Schulaufgaben – besonders am Schriftbild – und auch beim Umgang mit den Schul- und Spielsachen. Auch kann er sich nicht daran gewöhnen, pünktlich zu einem privaten Turnunterricht zu gehen, obwohl der Termin schon seit Jahren unverändert ist. Die Mutter schildert den Jungen als sehr unkonzentriert.

Eigentliche Erziehungsschwierigkeiten bereitet Karl angeblich nicht.

2. Wohnorte und äußerer Lebensrahmen

Karl wurde in Jena geboren. Er lebte bis zu seinem zweiten Lebensjahr mit seiner Familie auf dem Lande, dann zogen sie nach Jena in eine große eigene Wohnung im Elternhaus der Mutter.

Der Vater war Mühlenbesitzer, er wurde enteignet. Als er aus der Gefangenschaft entlassen wurde, stellte man ihn als Inspektor in einem Staatsbetrieb ein.

Als der Junge sechs Jahre alt war, starb der Vater. Die Mutter ging ein Jahr darauf mit Karl und seinen beiden älteren Schwestern (zwei und sieben Jahre älter als Karl) nach D. in Westdeutschland. Hier zogen sie zunächst in ein sehr enges Appartement in einem Hochhaus und von dort ein halbes Jahr später in die jetzige, achtzig Quadratmeter große Wohnung. Die Mutter bezeichnet die Wohngegend als schreckliches Siedlungsgebiet, in dem Karl keine netten Freunde finden könne.

Die wirtschaftlichen Verhältnisse erscheinen geordnet (ausreichende aber nicht hohe Rente).

3. Krankheiten

Karl hatte etwa vierzehn Tage nach seiner Geburt, kurz bevor er aus der Klinik entlassen werden sollte, eine schwere Ernährungsstörung. Die Ärzte nehmen an, daß er als kleines Kind an einer Rachitis gelitten hat und führen darauf zurück, daß der Junge eine «Delle im Kopf» hat, sich schlecht hält, ungesunde Zähne, einen zu schmalen Kiefer und eine zu enge Nasenscheidewand hat.

Er hatte Kiefer- und Stirnhöhlenentzündungen, ist wegen der engen Nasengänge oft durch Erkältungen beeinträchtigt, die Beschwerden gehen aber durch Rotlichtbehandlung immer ziemlich schnell zurück.

Karl hatte bisher Keuchhusten, Masern und Röteln, vor kurzem wurden seine Mandeln entfernt, seitdem atmet er mehr durch die Nase und hält den Mund geschlossen.

Seit einem Jahr etwa trägt Karl eine Brille, da er etwas kurzsichtig ist und schlecht von der Wandtafel ablesen kann. Karl hört gut.

4. Biographie

Die Schwangerschaft und die Geburt sind normal verlaufen. Zur Zeit der Geburt war die Mutter sechsunddreißig, der Vater einundvierzig Jahre alt.

Karl war ein ruhiges, liebes Kind und konnte sich gut allein im Laufställchen beschäftigen. Mit etwa anderthalb Jahren konnte er frei laufen.

Er wurde nicht gestillt. Nach der Ernährungsstörung bekam er angeblich Vigantol und entwickelte sich gut. Er war als Kleinkind sehr dick. Eine besondere Vorliebe für Süßigkeiten hat Karl nicht, er ißt immer gut durch. Zeitweilig hat er am Daumen gelutscht, in letzter Zeit kaut er manchmal etwas an den Nägeln. Der Junge begann mit einem Jahr etwa zu sprechen, mit anderthalb Jahren sprach er Sätze, Sprechschwierigkeiten hat er nicht gehabt.

Als er ein halbes Jahr alt war, begann die Mutter, ihn aufs Töpfchen zu setzen. Mit anderthalb Jahren ungefähr soll er ohne besondere Strenge sauber und trocken gewesen sein. Karl macht sich sehr gerne schmutzig, ist aber immer sehr darauf bedacht, möglichst oft frische Wäsche anzuziehen. «Er würde kein schmutziges Kleidungsstück anziehen, wohl aber saubere Strümpfe über schmutzige Füße.»

Der Junge gibt nicht gerne ab, er schließt seine Sachen zum Teil ein, damit die Schwestern sie nicht erreichen können.

Zwischen dem zweiten und dritten Lebensjahr hat das Kind getrotzt, es hat z.B. hemmungslos geschrien, weil es nicht mehr in den Kindergarten wollte; es hat aber nichts damit erreichen können, die Mutter hat nicht nachgegeben.

Der Junge hat immer gut geschlafen.

Er ist sehr zärtlich und kommt auch heute noch zur Mutter auf den Schoß, wenn er mit ihr allein ist. Er hat sehr am Vater gehangen, heute besteht anscheinend eine besonders starke Bindung an die Mutter.

In der sexuellen Aufklärung glaubt die Mutter, einen Mittelweg beschritten zu haben. Karl glaubt nicht mehr an den Klapperstorch und weiß, woher die Kinder kommen. Er kommt nicht von selbst und fragt nach diesen Dingen.

Der Junge konnte immer gut spielen und sich allein beschäftigen. Er ist mit drei Jahren in Jena in den Kindergarten gekommen und gerne hingegangen.

Karl war bereits sieben Jahre alt, als er in D. eingeschult wurde, und zwar wurde er versuchsweise in die schon seit Ostern bestehende erste Klasse aufgenommen, da er in Jena vorher noch nicht zur Schule gegangen war, sondern dort erst im Herbst eingeschult worden wäre. Er wollte gerne in die Schule gehen, zu Hause hatte er sich vorher schon etwas gelangweilt. Er bekam eine sehr nette ältere Lehrerin, die ihm gut über seine anfänglichen Schwierigkeiten hinweghalf. Ende Januar/Anfang Februar hatte er seine Mitschüler eingeholt, und es gab keine Schwierigkeiten. In der Klasse hat Karl sich gut zurechtgefunden, er wurde Ostern versetzt. Die Schwierigkeiten begannen im zweiten Schuljahr mit der Rechtschreibung. Zunächst hat die Mutter sie auf das fehlende erste halbe Schuljahr zurückgeführt. Die Kinder wurden nach der Ganzheitsmethode unterrichtet. Als Karl kam, konnten die anderen bereits eine Reihe von Wörtern «raten», aber noch nicht zusammenhängend lesen.

Bei Karls Rechtschreibfehlern handelt es sich meistens um ausgelassene Buchstaben und vergessene Oberzeichen. Er ist Rechtshänder. Die Mutter meint, daß er sich nicht konzentriert und kein Pflichtgefühl hat. Sie sieht regelmäßig seine Hausaufgaben nach und zeigt ihm dabei jetzt nur noch die Zeilen, in denen er Fehler gemacht hat, die entsprechenden Stellen muß er selber suchen. Er findet die Fehler nicht sehr schnell. Sobald Karl aus der Schule kommt, erledigt er mit großem Eifer – der allerdings in letzter Zeit etwas nachläßt – die Hausaufgaben. Zusätzlich gibt ihm die Mutter an jedem Abend ein kurzes Diktat, bisher ist aber nur eine ganz geringfügige Besserung eingetreten.

Karl beeilt sich bei seinen Aufgaben immer ganz außerordentlich, er will seine Pflichten immer möglichst schnell erledigt haben, dabei schmiert er sehr, streicht dick durch und kommt zu keinem sauberen Schriftbild. Ende des vierten Schuljahrs hat er etwa anderthalb Stunden für die Aufgaben gebraucht, seit er in der fünften Klasse ist, benötigt er etwas weniger Zeit.

Insgesamt ist Karl in der Schule ganz gut zurechtgekommen, es hat keine ernsten Schwierigkeiten und Tadel gegeben. Ganz leicht sollen es jedoch die Lehrer nicht mit ihm haben, er macht sich nicht beliebt, ist scheu und zurückhaltend, schwatzt sehr viel. Seine erste Lehrerin, die er sehr gern mochte, hat er nicht lange behalten. Die Klasse wurde geteilt, und Karl ging ohne Wissen der Mutter angeblich freiwillig in die Klasse mit den schwächeren Schülern, von denen jetzt Ostern nur ein einziges Mädchen den Übergang auf eine Realschule schaffte. Die Klasse bekam einen Lehrer, von dessen Fähigkeiten die Mutter gar nichts hält. Sie sieht darin zum Teil die Ursache, daß Karl die Aufnahmeprüfung für die Oberschule nicht bestanden hat. Etwa ein halbes Jahr vor der Prüfung hatte Karl an zwei Nachmittagen in der Woche Nachhilfestunden bei einem Studenten der Pädagogischen Hochschule. Die Mutter hatte den Eindruck, daß der Junge dabei überfordert wurde. Nach dem anstrengenden Nachmittag bekam der Junge noch eine Menge Aufgaben, die er zwar machte, aber mit großer Unlust und Wut, oft von Weinen unterbrochen.

Der Lehrer hielt es für wenig wahrscheinlich, daß Karl die Prüfung bestehen würde, und die Mutter hatte ihn von Anfang an darauf vorbereitet, daß es nur ein Versuch wäre und daß er es im folgenden Jahr noch einmal versuchen könnte. Karl war zur Zeit der Prüfung ganz zuversichtlich. Er war dann ziemlich unglücklich, daß er «den Anforderungen nicht genügte», hat es aber doch ganz tapfer getragen. Im Augenblick scheint er zu denken, daß es bis zur nächsten Prüfung noch eine Menge Zeit ist, die Mutter meint aber, daß es ihn im Grunde doch etwas bedrückt. Sie hofft, daß der jetzige strenge Lehrer einen guten Einfluß auf ihn haben wird. Sie sagt, daß er weniger Fehler machen würde, wenn er weiß, daß er es sich nicht leisten kann; auch bei der älteren Lehrerin hätte er zum Schluß überraschend wenig Fehler gemacht.

Karl macht nicht erst am Schluß seiner Arbeit, sondern von Anfang an sehr viele Fehler, selbst beim Abschreiben ist es nicht viel besser. Im Diktat und im Aufsatz macht er etwa gleich viel Fehler. Er ärgert sich zwar, aber auch nicht allzu sehr, wenn er im Aufsatz bei sehr gutem Inhalt und mangelhafter Rechtschreibung nur eine 3 bekommt.

Seine Zeugnisnoten waren Ostern: Rechtschreibung 4 («meines Erachtens hat er eine 6 verdient»), Aufsatz 2, Rechnen 3, Handschrift 4, Religion 2, Heimatkunde 3, Turnen 2, Musik 3.

Im Lesen ist Karl durchschnittlich, er konnte schon im zweiten Schuljahr kleine Geschichten lesen und hat sich bereits Ende des zweiten Schuljahres für die Bücher der älteren Schwestern interessiert. Er holt sich jetzt sehr viele Bücher aus der Stadtbücherei. Die Mutter meint, er liest viel zu viel und alles durcheinander; er kann den Inhalt der Bücher zwar wiedergeben, aber nicht sehr gut. Der Junge sei einfach zu nervös, sie habe ihn darum auch nicht wie die anderen Familienmitglieder das Spielen eines Musikinstrumentes erlernen lassen.

Karl lügt nicht direkt, aber er versucht nach Möglichkeit, mit Diplomatie und Raffinesse Schwierigkeiten zu vertuschen. Bekommt die Mutter dann z.B. doch heraus, daß er eine 5 geschrieben hat, weint er.

Die Mutter ist der Ansicht, daß sie mit Güte bei ihm mehr erreicht als durch Schläge und Schimpfen. Auf der anderen Seite glaubt sie jedoch auch wieder, daß es ihm an Strenge fehlt und daß er nicht genügend Respekt hat, «er müßte das ja aus Angst tun letzten Endes».

Karl bekommt in der Woche fünfzig Pfennig Taschengeld, er braucht davon keine Schulsachen zu kaufen und spart fast sein ganzes Geld.

Außer für Bücher interessiert sich Karl besonders fürs Fußballspielen. Er fährt auch sehr geschickt selbst im dichtesten Verkehr mit dem Fahrrad. Mit sechs Jahren hat er sich freigeschwommen, darf aber wegen der häufigen Erkältungen nur selten baden. Die Mutter sagt, daß er sich – verständlicherweise – für seine elektrische Eisenbahn nur wenig interessiert habe; das Spielzeug sei so langweilig, daß es verboten werden müßte.

Karl steht morgens um 6.45 Uhr auf. Nach den Schulaufgaben darf er bis zum allabendlichen Diktat spielen. Etwa dreimal in der Woche sieht er von 18 bis 19 Uhr fern, außerdem sonntags die Kindersendungen. Karl soll im allgemeinen ein sehr lieber, netter Junge sein, aber sehr sensibel und empfindlich. Er ermüdet schnell und wird dann leicht «knarrig». Gegen 20 Uhr geht er ins Bett. Er versucht dann manchmal noch, heimlich mit der Taschenlampe zu lesen, schläft aber im allgemeinen gut ein.

5. Familiensituation und Umweltbeziehungen

Karl lebt mit seiner Mutter und den beiden älteren Schwestern zusammen. Die Mutter ist nicht berufstätig. Die älteste Schwester (neunzehn Jahre) besucht die Frauenfachschule, sie möchte Medizinisch-Technische Assistentin werden, die Mutter bezweifelt aber, daß sie die Aufnahmeprüfung für die entsprechende Schule besteht. Die zweite Schwester (dreizehn Jahre) besucht die Realschule und kommt dort gerade so mit. Das Verhältnis zwischen ihr und Karl war immer besonders gut. Jetzt hat sie schon manchmal andere Interessen, dadurch und durch seine Schulschwierigkeiten ist Karls Kontakt zur Mutter jetzt besonders eng. Zwischen ihm und der Mutter gibt es nur immer Streit, wenn er seinen Ranzen und das Zimmer nicht wieder aufräumt. Andere nennen ihn manchmal «Muttersöhnchen», und die Mutter meint selbst, daß er für seine elf Jahre vielleicht zu abhängig von ihr ist. Eifersucht hat es unter den Geschwistern nicht gegeben.

Der Vater hat früher in der Erziehung nie besonders durchgegriffen, er war nur jeweils am Wochenende zu Hause. Sein Tod hat Karl anscheinend nicht besonders stark belastet.

Eine Schwester der Mutter hat gemeint, daß Karl die ganze Familie tyrannisiere. Die Mutter sieht das auch in gewisser Weise ein und nimmt an, daß er in einem Internat und einer Jungengemeinschaft vielleicht besser aufgehoben wäre. Sie würde ihn aber nur sehr ungern weggeben und hätte dabei auch das Gefühl des eigenen Versagens. Falls es aber doch dazu käme, würde sie sich eine Halbtagsbeschäftigung suchen, des Geldes wegen und weil sie sich sonst langweilen würde.

Sonst soll Karl eher nachgiebig und nicht rechthaberisch sein. Er hat sich völlig dem Führer einer Jungenbande untergeordnet, für den alle Kinder durchs Feuer gehen. Dieser Junge heißt Hans, er ist dreizehn oder vierzehn Jahre alt und soll keinen guten Einfluß auf Karl ausüben. Die Mutter meint sogar, daß Karl ihr zwar nie aus eigenem Antrieb, wohl aber auf Wunsch von Hans Geld wegnehmen würde. Sie glaubt auch, daß Karl zum Teil deswegen so fahrig ist, weil er weiß, daß die Mutter seine Beziehungen zu Hans nicht billigt, und es mache ihn nervös, daß sie manches nicht wissen dürfte. Sie weiß, daß sie gegen den Einfluß von Hans nichts ausrichten kann, sie hat den Lehrer schon gebeten, mit Hans zu sprechen, und schon allein seinetwegen würde sie gern in einen anderen Teil der Stadt ziehen. Hans ist nach ihren Angaben ein scheinheiliges, furchtbares Kind. Er spielt mit den Jungen Fußball, Schule und häufiger Kasperle-Theater für die Nachbarskinder. Hans ist für sie ein «Biest, das auch noch eine hübsche Stimme hat», so daß er mit den Kindern zu Weihnachten und in der Fastnachtszeit in die Höfe geht und singt. Karl sammelt dann willig an den Türen Geld ein.

Karl geht bisher in keine Jugendgruppe, die Mutter will sich erkundigen, ob die Pfadfinder für ihn vielleicht geeignet sind.

6. Familienanamnese

Nur einige wesentliche Angaben:

Der Vater hat bis zur Oberprima ein Internat besucht, er hat das Abitur dort aber nicht geschafft. Die Mühle hatte er von seinem Vater geerbt.

Die Mutter hat Abitur gemacht und später als Sekretärin gearbeitet. Ihr Vater war Jurist, dieser Beruf ist seit vielen Generationen in der Familie Tradition gewesen.

7. Eindruck von der Mutter

Die Mutter ist gut gekleidet und zeigt insgesamt ein gepflegtes Äußeres. Sie wirkt selbstsicher, aber ziemlich nervös.

Ihre Sprache ist flüssig, aber recht impulsiv. Von Karls Schwierigkeiten ist sie so erfüllt, daß es häufiger zu emotionalen Ausbrüchen kommt; «Himmeldonnerwetter, noch nicht mal abschreiben?» oder «Er ist ein heller Junge, verdammt. Das ärgert mich so, wenn er nun ganz blöde wäre, könnte er ja nichts dafür!» Sie will durch die Beratung erfahren, ob Karl vielleicht unbegabt ist, das wäre die einzige Entschuldigung, die sie für sein Versagen gelten ließe.

Wahrscheinlich würde eine derartige Mitteilung die Mutter aber persönlich sehr stark treffen. Sie sagt: «Er kann doch nicht auf der Volksschule bleiben.» «Er muß doch sein Abitur machen, das ist in unserer Familie überhaupt noch nicht vorgekommen.» Dabei ist – zumindest in der Familie des Vaters – das Abitur durchaus keine Selbstverständlichkeit, und auch Karls Schwestern werden kein Abitur machen.

Anscheinend sieht die Mutter Karls Mißerfolg als eigenes Versagen, und sein Erfolg wäre für sie gleichbedeutend mit eigenem Erfolg. Es ist ihr Wunsch, daß Karl Jurist wird wie ihr Vater, sie schwenkt dann jedoch sofort ein, «wenn er nicht Jurist wird, ist es genau so».

Man gewinnt den Eindruck, daß Karl und seine Probleme für die Mutter eine ganz zentrale Bedeutung haben, anscheinend hat sie sich schon sehr viel mit diesen Fragen beschäftigt, denn sie spricht von «Schulpsychose», «Mutterkomplex», «Rechtschreibfehlern, die auf eine gewisse Anormalität schließen lassen» usw. Sie sagt selbst, daß sie eine besonders enge Beziehung zu Karl hat, weil er ein Sorgenkind ist. Es läßt sich hier vielleicht eine Erklärung dafür finden, daß sie in so auffallender Weise gegen die Freundschaft zu Hans eingestellt ist. Denn eigentlich kann sie gegen Hans nichts Greifbares vorbringen, sie muß im Gegenteil sogar widerwillig zugeben, daß sie sich durch das Schulespielen – Hans als Rektor, Karl als Schüler – eine Verbesserung seiner Rechtschreibung erhofft hat. Hans ist wahrscheinlich nur deshalb ein «Biest», weil sich durch die Freundschaft zu ihm Karl stärker von der Mutter löst, zum anderen ist er nur Volksschüler, und das paßt nicht zu den ehrgeizigen Plänen der Mutter.

In der Rolle der sich aufopfernden und sorgenden Mutter scheint sie sich recht wohl zu fühlen. Sie meint, daß andere den Kopf schütteln würden, wenn sie wüßten, warum sie in die Beratung kommt. «Andere machen sich da ja überhaupt keine Probleme!»

Insgesamt wirkte sie selbstbewußt und gleichzeitig unsicher und nicht besonders ansprechend. Der Erziehungsberater spürte eine gewisse innere Abwehr gegen ihren Ehrgeiz und ihre psychologisierende Betrachtungsweise. Er hatte das Gefühl, daß sie zwar intellektuell zu einer Beratung bereit sei, unangenehme Tatsachen aber nur ungern hören möchte.

AUSWERTUNG DER ANAMNESE KARL F.

1. Störungen durch Umweltfaktoren

a) Lebensraum:
Mehrfacher Wohnungswechsel: mit zwei Jahren im Haus der Großeltern, mit sieben Jahren nach Westdeutschland, hier zunächst ein halbes Jahr sehr beengt gewohnt, jetzt ausreichend große Wohnung in schlechter Wohngegend.

b) Erziehungsmilieu:
Der eher nachsichtige und etwas weiche Vater starb, als Karl sechs Jahre alt war. Die Mutter überforderte den Jungen; in ihm wurde von Anfang an der zukünftige Jurist gesehen, der die Familientradition fortsetzen wird. Karl ist der wichtigste Lebensinhalt der Mutter. Das Selbstgefühl der Mutter scheint stark an den Schulerfolg des Jungen gebunden.

c) Entwicklungsphasen:
Die Mutter hat den Sohn – vermutlich besonders nach dem Verlust ihres Mannes – übermäßig stark an sich gebunden.

2. Konstitution

Karl ist empfindlich und sensibel, er verschließt sich leicht, auch der Mutter gegenüber. Er leidet häufig an Erkältungskrankheiten verbunden mit Kopfschmerzen, und er ermüdet schnell.

Die Mutter bezeichnet sich selbst auch als sehr sensibel, eine konstitutionelle Abweichung in Richtung einer «Neuropathie» ist möglich.

3. Körperliche Krankheiten

Durch die schwere Ernährungsstörung in den ersten Lebenswochen kann eine zerebrale Schädigung verursacht worden sein.

Die Rachitis hat die Entwicklung des Jungen zwar anscheinend nicht auffällig verlangsamt, doch insgesamt wohl ungünstig beeinflußt: Die Anfälligkeit für Erkältungskrankheiten und die allgemein geringe Belastbarkeit wurden dadurch möglicherweise verstärkt. Die damit zusammenhängende Rücksichtnahme und eine gewisse Verzärtelung dürften einen Einfluß auf die psychische Entwicklung gehabt haben.

4. Weitere auffällige Verhaltensweisen

Karl tyrannisiert die eigene Familie, daneben besteht eine übergroße Anhänglichkeit und Zärtlichkeit gegenüber der Mutter. Das Verhältnis zu den Lehrern ist nicht besonders gut. Insgesamt ist der Junge zurückhaltend, verschlossen und scheu. Beim Spielen mit dem älteren Freund ist er nachgiebig und ordnet sich vollkommen unter. Er kann nicht gut abgeben. Er macht sich gerne sehr schmutzig. Gelegentliches Nägelkauen wurde beobachtet. Wahrscheinlich besteht eine Störung in der Leistungsmotivation.

5. Positive Umwelteinflüsse und Persönlichkeitszüge

Die wirtschaftlichen Verhältnisse waren immer geordnet. Die Mutter war nicht berufstätig, sie hat Karl immer selbst versorgt. Er wurde rechtzeitig und altersangemessen aufgeklärt. Motorisch ist er geschickt und nicht ängstlich, er bewegt sich gewandt mit dem Fahrrad im dichtesten Verkehr. Er liest gerne, kann gut spielen und schreibt inhaltlich sehr gute Aufsätze.

6. und 7. Hinweise für eine genetische und dynamische Diagnose

Eine *Minderbegabung* des Jungen ist nicht anzunehmen: die sprachliche und die statische Entwicklung Karls waren altersentsprechend. Bei der Einschulung war er wahrscheinlich schulreif, er war volle sieben Jahre alt, ging gerne zur Schule und hatte den Vorsprung der Klassenkameraden von einem halben Jahr verhältnismäßig schnell und reibungslos eingeholt. Er lernte ohne Schwierigkeiten lesen und liest sehr viel. Die Aufsätze sind inhaltlich sehr gut, im Rechnen steht er befriedigend. Insgesamt weist das Zeugnis nicht auf eine *Oberschulbegabung* hin, sondern es scheint sich bei Karl eher um einen gut durchschnittlichen Volksschüler zu handeln, der durch den Besuch einer Oberschule überfordert würde.

Da die Leistungen des Jungen in der Rechtschreibung und seine Handschrift sich erheblich von den übrigen Leistungen unterscheiden, ist auch eine *Recht-

schreibschwäche (Legasthenie) in Betracht zu ziehen. Die Schwierigkeiten bestehen schon seit dem zweiten Schuljahr und konnten trotz Nachhilfestunden und intensiver Bemühungen der Mutter nicht behoben werden. Störungen der Motorik, Seh- und Hörfehler scheinen nicht vorzuliegen. Karl ist Rechtshänder. (Eine Legastheniprobe ist zur Klärung erforderlich.)

Die mögliche *konstitutionelle Belastung* könnte zwar einen Einfluß auf die Schwierigkeiten haben, sie reicht aber wahrscheinlich nicht aus, um das Ausmaß zu begründen. Als mögliche Folge der Ernährungsstörung in den ersten Lebenswochen ist auch an eine *Konzentrationsstörung auf Grund eines Hirnschadens* zu denken. Eine allgemeine Konzentrationsschwäche müßte sich jedoch auch auf die Leistungen im Rechnen und die inhaltliche Gestaltung der Aufsätze auswirken. (Im Zusammenhang mit dieser Frage sollten spezielle Tests durchgeführt werden.)

Obwohl angeblich keine Erziehungsschwierigkeiten bestehen, deutet doch vieles auf eine durch die Konstitution begünstigte *Persönlichkeitsstörung* hin. Wahrscheinlich handelt es sich nicht um eine echte Neurose, aber eine Fehlentwicklung ist anzunehmen: Die Mutter hat den Jungen übermäßig stark an sich gebunden und wirkt allen Ablösungstendenzen und Versuchen zur Selbständigkeit entgegen. Gleichzeitig stellt sie Forderungen an den Jungen, die seine Möglichkeiten übersteigen. Es kommt dadurch bei Karl zu einer Störung in der Leistungsmotivation. Der ständige Konflikt zwischen der Überforderung und der zärtlichen Bindung an die Mutter wird «gelöst», indem z. B. die Aufgaben für die Schule pünktlich erledigt werden, aber mit übergroßer Eile und Flüchtigkeit.

Karls Schwierigkeiten sind anscheinend für seine Mutter Lebensinhalt und -aufgabe geworden. Sie sind damit im Grund Ausdruck der Schwierigkeiten der Mutter. Solange sie ihr Verhalten nicht ändert, wird auch bei Karl keine wesentliche Besserung zu erwarten sein.

DIAGNOSE NACH DEN UNTERSUCHUNGSBEFUNDEN

Die medizinischen Befunde sprechen für eine «Neuropathie», eine allgemeine vegetative Labilität und einen körperlichen Entwicklungsrückstand. Ein Hirnschaden ließ sich medizinisch wie psychologisch weder belegen noch eindeutig verwerfen. Die Begabung ist gut durchschnittlich, reicht aber für den Besuch einer Oberschule nicht aus. – Hawik IQ 103, Hamburg West Yorkshire IQ 105, Frankfurter Analogien IQ 107, Raven III + –. Seine Begabungsspitzen liegen im Verbalteil – Hawik VIQ 114 – vor allem in solchen Bereichen – Allgemeines Wissen, Wortschatz – die übbar sind. Er macht viele Fehler – achtzehn Rechtschreib- und Grammatikfehler in einem Diktat mit achtzig Wörtern. – Es scheint eine leichte Rechtschreibschwäche vorzuliegen (besonders fällt ein fehlendes Gedächtnis für Wortbilder auf). Karl ist erheblich konzentrationsgestört. Der Konzentrationsmangel wurde wahrscheinlich auf dem «Boden einer neuropathischen Veranlagung» durch das Einspringen ins erste Schuljahr und die anhaltende Überforderung durch die Mutter hervorgerufen. Der gesamte Leistungsbereich ist gestört. Die Störungen beginnen sich bereits in einer Persönlichkeitsfehlentwicklung zu verfestigen. Eine echte Neurose liegt aber wohl nicht vor. Die projektiven Verfahren weisen auf eine erhebliche Äußerungshemmung hin. Alle Phantasien kreisen um den Leistungsbereich. Der Junge fühlt sich bedrückt, weil er sich als Versager erlebt, der seine Mutter enttäuscht. Doch finden sich auch positiv zu wertende Ablösungstendenzen von der Mutter.

Beratung: Die Mutter tat im Gespräch einsichtig, ohne es wirklich zu sein. Sie will den Jungen auf die Realschule schicken, da sie sich nicht entschließen kann, ihn auf der Volksschule zu lassen, obwohl sie die Notwendigkeit dazu durchaus erkennt. Es ist zu befürchten, daß Karl – selbst wenn er die Aufnahmeprüfung besteht – den Anforderungen der Realschule nicht gewachsen ist, die Mutter ihre überfordernde Haltung nicht ablegt und die beginnende Persönlichkeitsstörung des Jungen sich verfestigt. Durch mehrere Beratungen der Mutter und eine Werkgruppentherapie – nach SLAVSON – des Jungen wollen wir dem vorbeugen.

3. ANAMNESE ANDREAS L.

Es werden nur jene Teile der Anamnese angeführt, die mit der Symptomatik und den Umweltbeziehungen in Zusammenhang stehen, da sie für die Erklärung der Schwierigkeiten besondere Bedeutung haben. Die ursprüngliche Reihenfolge des Gesprächs ist gewahrt. Auslassungen sind durch größere Abstände angedeutet. Die Nachschrift ist wörtlich.

B. = Erziehungsberater
M. = Mutter
A. = Andreas

B. Ja, vielleicht erzählen Sie jetzt einmal etwas, welche Schwierigkeiten Ihnen der A. macht.
M. Und zwar fing er mit dem Stottern an, vor zwei Jahren gut, also es wurde immer schlimmer. Da habe ich versucht, mit ihm langsam zu sprechen, und dann habe ich gesagt: «Du mußt jedes Wort ruhig und langsam nachsprechen.» Das hat er denn auch gemacht, und dann hat sich's so 'n bißchen gebessert, bis... plötzlich fing es an, also da konnte der Junge fast kein Wort mehr rauskriegen, also es ging nicht mehr. Habe ich wieder damit angefangen, und sagte er «nein, weiß ich nicht». Wenn er was nicht rausfand: «Weiß ich nicht.» Und das war mir schließlich zu albern, und das war mir dann schließlich zu dumm, da habe ich zu meinem Mann gesagt: «Komm, geh doch mal, daß da irgendwie was gemacht wird, denn wenn der Junge jetzt in die Schule kommt, wird er wahrscheinlich gehänselt, und das ist ja

auch nicht schön für so ein Kind, nicht?» Jetzt, seit zwei, drei Wochen fing das plötzlich an, sich ganz plötzlich zu bessern, nicht, daß er kaum noch stotterte, nicht. Also jetzt, seit vorgestern fängt es jetzt wieder ein bißchen an. Nicht, daß er direkt stottert, aber er versucht das Wort rauszukriegen, ohne zu stottern, er stockt dann so 'n bißchen und zieht das so 'n bißchen in die Länge, das Wort. Wie gesagt, jetzt wissen wir auch nicht, was wir machen sollen, ob da nun noch was gemacht werden muß, ich weiß nicht, kommt es wieder, oder kommt es nicht wieder. Wo liegt es dran?
B. Ja sicher.
M. Er ist ein bißchen, also, wie soll ich sagen, schüchtern, sehr schüchtern und sehr zurückhaltend, so, wie einer... ich hab' noch drei, drei im ganzen, die anderen zwei sind so richtige Jungens, so richtige Stromer. Und, dieser ist nun etwas mädchenhaft... Er paßt auf seinen jüngeren Bruder auf... Er ist sehr empfindlich, sogleich beleidigt, ein bißchen in sich zurückgezogen...

B. Können Sie noch ein bißchen schildern? Also, wie überhaupt die Sprachentwicklung bei dem A. war und wie es angefangen hat mit den Sprachschwierigkeiten. Bei welchen Gelegenheiten es besonders auftrat?
M. Er ist Vaters Liebling, woll'n wir mal sagen, also ganz Vaters Liebling. Und er hat ihn wohl die erste Zeit ein bißchen verwöhnt. Wahrscheinlich, daß es daher kommt. Sonst ist er etwas... Sonst ist in seinem Charakter, hat er etwas Mädchenhaftes und dann ist er furchtbar in sich zurückgezogen. Er ist schnell beleidigt. Das ist alles...
B. Ja, hatten Sie sonst noch irgendwelche Schwierigkeiten?
M. Nein, gar nicht, nein, er ist ein Musterknabe, möchte ich sagen. Also, er ist sehr lieb, er ist der Beste von allen, der Liebste von allen, gut lenkbar, wie gesagt, nur eben, daß... er ist zu artig, woll'n wir mal sagen. Daß er eben... wie gesagt, in sich zurückgezogen und schnell beleidigt. Also, sehr empfindsam.

B. Aber dann hat er also gut die Flasche getrunken. Wie ist es denn geblieben mit dem Essen?
M. Ja also, erst ging es gut, woll'n mal sagen, bis zu zwei Jahren. Da fing er an, und fing an zu quengeln. Vater, der hat es auch immer reichlich gut gemeint und alles Mögliche dafür gekauft für den Jungen, ihn gefüttert und auch so. Da auf einmal, da wollte er nicht mehr. Da war mal 'ne Zeit, 'ne sehr kritische Zeit, da hatte ich Mühe und Last, daß ich überhaupt was reinkriegte. Bis jetzt, aber, da hat er sich wieder gefangen. Er ißt jetzt gut wieder. Dann habe ich einfach, wenn er nicht mehr wollte, «na gut, wenn du nicht willst, dann brauchst du auch nicht». Ja, und dann hat sich das so langsam wieder eingependelt.
B. Wie kam das denn wohl, daß Ihr Mann ihn so füttert?
M. Das war, wie gesagt, von Anfang an, vom ersten Augenblick an war das sein Liebling. Das ist furchtbar mit dem Jungen, das ist sein ein und alles.

B. Also stärker als der Kleine?
M. Ja, ja.
B. Ist dann das auch geblieben, nachdem der Kleine dann geboren wurde?
M. Selbstverständlich. Mit den anderen ist er nicht so verwöhnend gewesen, aber mit diesem Jungen.
B. Die anderen sind auch erst geboren nach dem Krieg, als der Vater da war. Ja, was sagen denn die dazu, wenn der Kleine da so verwöhnt wird?
M. Die sind an und für sich nicht so empfindlich, nicht. Na ja, so schlimm ist es auch wiederum nicht. Ich meine nicht, daß er ihn so vorzieht, aber, wie gesagt, der Kleine hat manches für sich.
B. Wie kam das denn wohl, haben Sie da irgendeine Erklärung dafür?
M. Das kann ich Ihnen auch nicht erklären. Ausgerechnet an diesem Jungen hängt er schrecklich. Wie gesagt, er hat ihn auch wohl viel gefüttert und hat sich sehr viel damit abgegeben. Also, er war vom ersten Augenblick sein Liebling...

B. Was meinen Sie, ab wann man ihn richtig verstehen konnte, ab wann er sich schon ein bißchen ausdrücken konnte?
M. Ja, so zwischen zwei und drei...
B. Ja. Und wenn ich Sie recht verstanden hab', sagten Sie im Anfang, etwa vor zwei Jahren, da hat er angefangen zu stottern. Da wäre er so gut drei gewesen.
M. Ja, ja.
B. Können Sie das noch ein bißchen schildern? Erinnern Sie sich noch, daß es in einer besonderen Situation war oder...
M. Nein... nein, nichts Besonderes. Es fing, glaube ich, so ganz allmählich an. Erst hat man ja auch nicht so drauf reagiert, man hat sich gedacht, das gibt sich wieder, daß er eben anfängt und kriegt das nicht so... Ist es denn so schlimm, Fräulein Doktor, daß er gar kein Wort mehr rauskriegt?
B. So stark?
M. Ja, so stark.
B. Also, hat er nicht gestottert während der Worte, sondern er preßt...
M. Er kriegt's überhaupt nicht mehr raus. Dann hat er angesetzt und meinetwegen Ppppapapa..., also, so war das, er kriegte es einfach nicht raus. Mir hat er immer so leid getan, der Kleine.
B. Hat er denn irgendwie selber darauf reagiert? Vielleicht hat er es selber gemerkt?
M. Ja, sicher. Es ist ihm peinlich, es ist ihm selbst peinlich. Ja, also er wird dann ganz rot dabei, und wie gesagt, er ist auch furchtbar empfindlich.
B. Können Sie das noch ein bißchen schildern, wie sich das äußert? Sie sagen, er ist empfindlich, leicht beleidigt, können Sie ein bißchen schildern, wie sich das äußert?
M. Meinetwegen, im Laufe, in der Hetze des Tages, fahr' ich ihn mal ein bißchen laut an. Er zuckt dann gleich zusammen, und dann guckt er mich ganz

vorwurfsvoll an, fängt vielleicht an zu weinen, obwohl es gar nicht so gemeint ist. Ich meine, in der Hast des Tages entfährt einem schon mal was, dreht sich um oder stellt sich in die Ecke. Bis dann nach einer Weile, entweder komm' ich dann und sag': «Es ist ja nicht so gemeint.» Dann ist es wieder gut oder er kommt. Dann ist es wieder gut. «Bist du mein Liebling?» Dann ist es wieder gut.
B. Er ist dann nicht nachtragend.
M. Nein, nicht nachtragend, nachtragend ist er nicht. Wenn ich was falsch gemacht habe, dann komm' ich schon wieder. «Es war nicht so gemeint. Na ja, es ist, es tut mir leid, mußt entschuldigen.» Dann ist es auch gleich wieder in Ordnung.

B. Ja, und wie hat er nun reagiert, wenn Sie versucht haben, ihn zu korrigieren und ihm zu sagen, z.B. sprich langsam und...
M. Ja, er war erst willig, und wo er dann merkte, es klappte nicht, hat er gesagt: «Weiß ich nicht. Das weiß ich nicht!»
B. Und hat... Wer hat denn mit ihm dann geübt, und wer hat ihm das denn gesagt?
M. Ja, ich habe ihm... ich habe mich öfter wohl mit ihm beschäftigt.
B. Ihr Mann auch?
M. Ja, mein Mann hat da nicht so Talent für Kinder, woll'n mal sagen, unsereiner beschäftigt sich automatisch mehr damit.

B. Wie wird dann der A. fertig, wenn Auseinandersetzungen zwischen den Geschwistern sind?
M. Ja, also er ist..., wie gesagt, etwas durch Vater verwöhnt und beansprucht für sich ein bißchen mehr Recht als die anderen haben, also ein bißchen mehr, nimmt sich ein bißchen mehr raus als die anderen.
B. Auf welchen Gebieten wohl? Können Sie das etwas schildern?
M. Ja. Wie soll ich das jetzt sagen. Er versucht seinen Willen durchzusetzen gegenüber den anderen. Also, was er für richtig hält und was er will, das versucht er auf alle Fälle durchzusetzen, und ja, was soll ich da noch sagen, auch dem Großen gegenüber, also, ab und zu kann er mit ihm machen, was er will, meint er. Der läßt sich das natürlich auch nicht gefallen, also schlagen usw. tut er ihn nicht, das darf er nicht. Ja, muß ich ihn ab und zu mal wieder zur Ordnung rufen. Dann ist er aber auch folgsam. Er sieht das auch ein. Bei Vater gehorcht er nicht so...
B. Da kommt er schon mal durch?
M. Bei Vater kommt er schon mal durch, aber wenn...
B. Auch gegenüber dem Kleineren.
M. Ja, ja. Und wenn ich das sehe, ich rufe ihn sofort zur Ordnung, dann ist es gut, nicht. Dann respektiert er es auch. Allerdings bei den anderen nicht. Da versucht er sich durchzusetzen.

M. Ja, wie soll ich sagen, mal so 'ne Zeit haben alle, in dem Alter, daß sie ein bißchen bockig sind usw. Wann mag das gewesen sein? Ab drei Jahren, daß er mal so 'ne kurze Spanne gehabt hat, daß er besonders schwer zugänglich war und bockig war.
B. Wie äußerte sich das wohl?
M. Ja, daß er seinen Willen durchsetzen will, daß er mit den Füßen aufstampft, und daß er anfängt zu schreien, das hat er auch heute ab und zu noch mal.
B. Bei welchen Gelegenheiten gibt's das denn wohl?
M. Ja, meist, wenn er mit Vater irgendwie was hat, daß er dann bei ihm sein Glück, bei mir versucht er's nicht.
B. Also, bei Vater versucht er immer...
M. Bei Vater versucht er immer durchzukommen. Wenn ich da nicht selbst ab und zu meinem Mann sage: «Hör mal, das darfst du nicht machen, du mußt ihn da nicht mit durchlassen, wenn uns auch das Herz bricht», also «bis dahin darfst du gehen, und weiter nicht.»
B. Was macht denn Ihr Mann, also, wenn er...
M. Also, wenn's allzu toll wird, dann sag' ich ihm Bescheid, dem Kleinen, dann ist es wieder gut. Dann sag' ich meinem Mann hinterher: «Hör mal, das darfst du aber nicht machen, du mußt dich nicht so von ihm zurechtweisen lassen. Du darfst dir nicht alles gefallen lassen. Bei der nächsten Gelegenheit macht er das ja dann auch.» Daß er sich alles gefallen läßt von ihm, das darf er auch nicht.
B. Aber der Kleine weiß doch, wo er's versuchen kann und wo er's lassen muß?
M. Ja, das weiß er ganz genau.
B. Wie kommt er denn überhaupt mit anderen Menschen aus, der A.?
M. Ja, er ist sehr zurückhaltend, von Anfang an, möchte ich sagen. Wo er noch klein war, ist er weggelaufen, wenn jemand Fremder ins Haus kam. Da hat er sich zurückgezogen.
B. Wie alt war er denn wohl...
M. Ja, so von einem Jahr an, also, wie er laufen konnte, also sobald, wie er andere Menschen wahrnahm, daß er in dem Alter war, wo er die auch wahrgenommen hat, da zog er sich sofort zurück, auch heute noch. Da ist er sehr zurückhaltend. Ich meine, es hat sich wesentlich gebessert, aber immerhin. Die andern... der Kleine z. B., da muß ich aufpassen, daß der nicht irgendwie mit jemandem mitgeht. Er ist sofort zutraulich. «Ja, ich geh' mit dir», usw., und der A. gar nicht, er ist sehr zurückhaltend. Wenn jemand kommt, ich spreche mit jemandem, also dann verkriecht er sich hinter mich, und dann guckt er mal ab und zu so.
B. Wie ist es denn dann so mit dem Handgeben und Ansprechen?
M. Widerwillig, ja, also ganz widerwillig.
B. Spricht er denn wohl mit den anderen?
M. Ja, also wenn ich sage komm, nun sei mal nett, gib mal die Hand und so, aber ganz widerwillig.

B. Ja, das ist von Anfang an gewesen?
M. Ja, von Anfang an.
B. Nicht so, daß er erst anders war und hat sich dann geändert.
M. Nein, nein, es war von Anfang an so.
B. Und hat er dann auch Menschen, die er ein bißchen besser kennt, zu denen er dann ganz aufgeschlossen ist?
M. Ja, wenn sie länger da sind, meinetwegen eine Stunde oder anderthalb Stunde, daß er warm wird, daß er sieht, «na ja, die wollen mir nichts». Ich weiß nicht, ob er Angst hat oder ob das in seinem Charakter liegt. Dann wird er mit warm. Dann ist er nachher, dann geht er aus sich heraus. Dann fällt es ganz ab. Aber erst furchtbar zurückziehend.
B. Und wie ist es mit den anderen Kindern?
M. Er steht erst mal, er guckt erst mal für sich, und dann guckt er erst mal 'ne Zeitlang zu und dann langsam, daß er auch zu anderen Kindern hingeht, daß er dann auch nachher mit ihnen spielt. Aber erst einmal, er ist, er verhält sich abwartend.

B. Hat er außer dem kleinen Bruder noch einen Kreis anderer Kinder, mit denen er nun zusammen spielt, oder sind das meist nur die beiden?
M. Das sind meist nur die beiden. Und nachher, wenn unser Großer die Schularbeiten fertig hat, dann spielen sie auch zusammen. Allerdings ist das altersmäßig nicht sehr glücklich. Die Kleinen halten sich für sich und der Große, dem Großen ist das zu albern, mit den Kleinen zu spielen. Aber sonst halten wir die Kinder ziemlich bei uns, denn es ist alles so weitläufig. Es könnte ja mal irgendwie jemand kommen, die Kinder an der Hand nehmen und mitnehmen. Darum halten wir sie ziemlich bei uns, denn da in der Gegend ist das wohl so ab und zu der Fall. Ich bringe jetzt jeden Morgen die Kinder zur Schule, da etliche Schulkinder angefallen sind morgens. Es ist mir zu gefährlich, und darum halten wir die Kinder immer in Sichtweite. Also, wir wollen immer wissen, wo sind sie, was machen sie, und die Angst will man nicht haben.
B. Ja, sicher, so daß die Kinder nicht, insbesondere die beiden Kleinen, nicht viel Gelegenheit haben, mit den anderen Kindern zu spielen.
M. Nein! – Nein, wir wohnen auch noch ziemlich weit auseinander von den anderen Nachbarn. Zu den nächsten Kindern, fünf bis zehn Minuten müßte er dann gehen. Das ist mir zu weit. So lange lasse ich sie gar nicht aus den Augen. Die Kornfelder und die Felder usw. Da lasse ich die Kinder nicht aus den Augen.
B. So daß Sie nicht so ganz sagen können, wie er dann, wenn er so ein bißchen warm geworden ist mit den anderen, so mit etwa gleichaltrigen Kindern fertig wird.
M. Ja, also, wenn er einmal warm geworden ist, wird er mit ihnen fertig, so daß er sich einordnet mit den anderen Kindern, daß sie dann gemeinsam spielen.

Ich meine, da geht's immer mal rum, besonders mit Spielsachen, da gibt's Meinungsverschiedenheiten, aber er gibt meist nach. Wenn er mal im Recht ist, dann kann er auch auf sein Recht pochen.
B. Das tut er wohl, da läßt er sich nicht einfach überrollen?
M. Nein, nein, das tut er nicht, also das würde er wohl machen.
B. Ja – und vielleicht können Sie noch ein bißchen schildern, wie er mit dem Jürgen und dem Großen auskommt?
M. Ja, also Jürgen, die erste Zeit, wo der Jürgen laufen konnte, wie er anfing, auch zu laufen, da hat der A. oft von dem Jürgen Haue gekriegt. Ja, der Jürgen, das ist ein fürchterlicher Kerl. Nicht, bis ich ihm dann sage: «Komm, das darfst du dir nicht gefallen lassen, du mußt ihn wiederhauen...»
B. Ach, erst tat er das nicht?
M. Nein, erst tat er das nicht. Er hat sich alles gefallen lassen, bis ich ihm dann gesagt habe: «Komm, jetzt haue ihn mal wieder.» Dann hat er das auch nachher gemacht. Jetzt, wenn es mal irgendwie 'ne Meinungsverschiedenheit ist, dann liegen sich die beiden in den Haaren. Dann zieht der Kleine meist den Kürzeren.
B. Ah, das dann doch...
M Ja, das muß auch. Ich denke, der Kleine ist so frech. Gestern, da hab' ich gesehen, da ging der A. mit so 'nem Stein auf den Kleinen zu. Hab' ich geschimpft, hat er den Stein weggeworfen. Jetzt dreh' ich den Rücken. Jetzt war wieder Geschrei. Da ging der Kleine mit so 'nem Stein auf den A. zu... Ja, so ist das so gegenseitig.
B. Wie hat denn der A. überhaupt reagiert, wie denn der Kleine geboren war bzw. wie der Jürgen dann so 'n bißchen 'ranwuchs?
M. Es ist mir an und für sich nicht aufgefallen, daß er nicht normal darauf reagiert hätte, daß er irgendwie eifersüchtig war... Nein.
B. Aber jetzt sieht er, wenn ich Sie eben richtig verstanden habe, sehr darauf, daß er auch das gleiche kriegt, daß er genauso zu seinem Recht kommt?
M. Ja, ja...

B. Wie ist es mit A.? Kann er wohl spielen, oder wie ist er so beim Spielen?
M. Ja, er kann auch wohl für sich spielen, er kann auch wohl mit dem Jürgen spielen, das geht eine Zeitlang gut, bis dann der erstbeste Krach kommt, nicht? Und dann ist großes Geschrei, und hinterher sind sie wieder zusammen.
B. Was spielt er denn?
M. Ja, was spielen die? Alles mögliche... also, der A. ist sehr tierlieb. Er hat alle möglichen Käfer und Schmetterlinge und kleine Vögel. Die hat er so in der Hand, also wie eine Mutter. Er ist furchtbar tierlieb. Der Kleine dagegen gar nicht. Der A. hat drei oder vier Schnecken, dann sitzt er dabei und beobachtet die, während der Kleine denn kommt, wenn er wütend ist, und tritt sie alle kaputt.

B. Was macht A. denn dann?
M. Dann schreit er natürlich, dann kriegt der Kleine was drauf, dann ist wieder großes Theater...
B. Der Kleine kriegt sie dann sozusagen mehr, kann man das sagen?
M. Tja... untereinander, meinen Sie?
B. Nein, ich meine, von den Eltern her?
M. Ja, der muß... Er zwingt mich dazu. Er ist an und für sich schwerer lenkbar als der A. Also der A., da braucht man kaum was sagen. Und der Kleine hingegen ist ein Teufel.
B. Bei welchen Gelegenheiten muß der A. sie auch mal kriegen?
M. Wenn er bockig ist, wenn er allzu ungezogen ist, z.B. wenn er ungezogen zu Vater ist, daß ich dann mal eingreife, daß er dann mal 'nen Klaps vor den Po kriegt, nicht? Aber daß er wirklich schon mal feste Haue kriegt, das kann ich nicht sagen, das war nicht nötig.
B. Wie oft kriegt er sie denn, daß er mal so einen Klaps kriegt?
M. So alle drei, vier Tage, wenn es mal allzu toll wird, nicht? Daß er mal 'nen Klaps kriegt, und wenn er nicht hört.
B. Wie reagiert er denn darauf?
M. Ja, also wie gesagt, er zieht sich sofort zurück, ist schwer beleidigt... fühlt sich also zu Unrecht gestraft. Das ist nun nicht der Fall, also er kriegt sie nur, wenn er es verdient hat. Denn ich warte lieber erst noch mal mit dem Schlagen, als daß ich zu früh loslege. Aber wenn... dann haben sie's verdient, dann müssen sie's auch haben.
B. Ist A. ein zärtliches Kind, oder...
M. Er ist ein bißchen zurückhaltend, ab und zu, daß er... wenn er mal sagt «Mein Liebling» und so weiter, denn hat er mal das Bedürfnis, daß er mal geknutscht wird, daß man mal nett zu ihm ist, daß man ihn mal lieb hat. Der Kleine hat es auch wohl ab und zu nötig, aber sonst, im großen und ganzen sind die ganz normal in dieser Beziehung.
B. Kommt er von allein an, oder muß man warten, bis er kommt?
M. Ja, er kommt von alleine. Wenn man mal zärtlich sein will, man hat mal das Bedürfnis, daß man ihn drücken will... Kann aber auch sein, daß er dann sagt, daß er einen denn wegschubst, das will er denn nicht haben. Hingegen der Kleine zu jeder Zeit und Stunde.
B. Er ist dann so ein bißchen abwartend?
M. Ja, wenn er nicht das Bedürfnis hat, dann will er auch nicht. Er kommt dann eben nur, wenn er das Bedürfnis hat.
B. Und holt er sich's, wenn er das Bedürfnis hat, eher bei Ihrem Mann oder eher bei Ihnen?
M. Mehr bei meinem Mann, zu mir kommt er auch ab und zu. Ja aber, wie gesagt, ich muß dann eben bei allem etwas strenger sein. Vielleicht, weil mein Mann, er ist meinem Mann sein Liebling, nicht, da geht er dann eher hin.

B. Wem gleicht A. nun am meisten? Wenn Sie ihn so schildern sollen, wem von den Eltern oder den anderen Geschwistern? Sie haben schon erzählt, daß er Horst ziemlich ähnlich ist.
M. Ja, ich möchte sagen, er hat viel von mir. Ich bin an und für sich auch ein bißchen zurückhaltend...
B. Gibt es bei A. auch irgendwelche Züge, die man so im Alltag, wenn man immer mit den Kindern zusammen ist, die Ihnen ein bißchen auf die Nerven gehen, wo Sie sich den Jungen anders wünschen würden?
M. Nein, die nicht, ich würde ihn mir lieber ein bißchen robuster wünschen. Er ist mir zu brav, er könnte ruhig ein bißchen mehr aus sich herausgehen. Hingegen die anderen... Das reicht mir.
B. Die sind's von allein...
M. Ja, da brauch' ich gar nichts machen, der A. könnte ruhig... Er dürfte sich ruhig mehr rausnehmen und mehr erlauben.

B. Hat man ihn denn auch wohl schon mal wegen der Sprachschwierigkeiten aufgezogen?
M. Ja, das haben wir an und für sich auch schon mal getan, nicht, daß wir dann so aus Jux, daß wir ihm das mal nachgemacht haben.
B. Und wie hat er dann reagiert?
M. Dann ist er beleidigt, nicht...
B. Hatten Sie den Eindruck, daß er es dann läßt, oder daß es dann schlimmer wird?
M. Ja, dann habe ich den Eindruck, daß es schlimmer wird, nicht.
B. Hat der Große ihn denn auch schon mal aufgezogen damit?
M. Ja sicher, der macht das doch...
B. Häufiger oder?
M. Nein... nein, nicht, daß er ihn direkt damit, bei jeder Gelegenheit, nicht. So ab und zu, wenn er ihn mal ärgern will.
B. Und...
M. So, wenn wir ihn ab und zu mal rufen, daß wir denn sagen: «Na, A-A-A-A.» Ja, also man soll's ja nicht tun, nicht, aber ab und zu sticht einen auch der Hafer, nicht.

ZUSAMMENFASSUNG
ANAMNESE ANDREAS L.

Die Anamnese wurde von Dr. Ke. im April 1964 mit der Mutter des Jungen Andreas, fünf Jahre und acht Monate alt, durchgeführt.

1. Grund der Vorstellung

Andreas macht seinen Eltern seit zwei Jahren durch starkes Stottern Sorgen. Bis zum dritten Lebensjahr verlief seine sprachliche Entwicklung normal. Mit etwa drei Jahren fing er an, leicht zu stottern; allmählich wurde es schlimmer, bis Andreas kein Wort mehr herausbekommen konnte. Gelang es ihm, die Luftstauung beim Ansetzen doch zu überwinden, so stotterte er immer noch während des Wortes. Sein Stottern erweist sich damit als tonisch und klonisch. Vor etwa drei bis vier Wochen besserte es sich schlagartig, verschlimmerte sich aber in der letzten Woche wieder erheblich.

Andreas' Sprachstörungen sind stärker, wenn er mit seinen Eltern spricht und wenn man ihn scharf anschaut. Im Spiel mit Kindern stottert er weniger, hat aber sofort wieder Schwierigkeiten, wenn er aufgeregt ist und sich mit ihnen zankt.

Andreas ist sein Stottern offensichtlich sehr peinlich. Er errötet stark, wenn er ein Wort nicht herausbekommt.

Die Eltern glaubten anfangs, seine Sprachstörung lege sich allmählich von selbst und reagierten kaum darauf. Als sie sich jedoch verschlimmerte, ermunterte ihn die Mutter, es noch einmal zu versuchen, wenn er ein Wort nicht aussprechen könne, langsam zu sprechen. Andreas zeigte sich erst willig, merkte er aber, daß er ein Wort nicht herausbekommt, sagte er «nein, weiß ich nicht» und versuchte es nicht noch einmal. Bisweilen wurde Andreas auch von seinen Eltern und Geschwistern wegen seines Stotterns gehänselt, z. B. nennen sie ihn manchmal A-A-A. Sein Stottern verschlimmert sich dann regelmäßig.

Die Mutter klagt weiterhin darüber, daß Andreas zu wenig robust und jungenhaft ist; er ist ein Musterkind, zu artig, zu leicht lenkbar und in seinem ganzen Wesen ausgesprochen mädchenhaft. Er zuckt zusammen, wenn man ihn etwas scharf anspricht, verkriecht sich hinter der Mutter, wenn fremde Menschen ins Haus kommen, ist meist in sich zurückgezogen, sehr schnell beleidigt und weint leicht.

Im Laufe der Anamnese berichtet die Mutter, daß sich Andreas seit anderthalb Jahren stark räuspert, wenn er erregt ist und oft an den Augen «knibbelt». Bis zu seinem dritten Lebensjahr hat er am Daumen gelutscht, es dann aber aufgegeben, weil seine Geschwister ihn deswegen sehr gehänselt haben. Andreas hat einen sehr leichten Schlaf.

2. *Wohnorte und äußerer Lebensrahmen*

Andreas ist in einem Dorf bei Münster geboren. Seine Eltern haben hier einen kleinen Bauernhof, in dem Andreas seit seiner Geburt mit seinen Eltern und seinem jetzt zwölf Jahre alten Bruder Horst wohnt. Als Andreas anderthalb Jahre alt war, kam noch ein weiteres Brüderchen hinzu. Die Kinder haben genügend Gelegenheit, auch draußen zu spielen. Ein eigenes Zimmer hat Andreas nicht. Er schläft mit seinem zwölfjährigen Bruder zusammen.

Der Vater ist achtundvierzig Jahre alt. Die Familie lebt in geordneten wirtschaftlichen Verhältnissen.

3. Krankheiten

Andreas ist bisher noch nie krank gewesen. Er ist in keiner Weise anfällig für Erkältungen, sondern bei Wind und Wetter draußen. Er zeigt auch keinerlei Empfindlichkeit gegenüber bestimmten Speisen.

4. Biographie

Andreas' Eltern haben sich sehr auf ihr zweites Kind gefreut. Die Mutter wünschte sich zwar mehr ein Mädchen, war aber doch nicht enttäuscht, als es ein kleiner Junge war. Herr L. war bei Andreas' Geburt dreiundvierzig, Frau L. achtundzwanzig Jahre alt.

Die Mutter fühlte sich während der Schwangerschaft nicht wohl. Im achten Monat setzten bei ihr Blutungen ein, und kurz darauf wurde Andreas geboren. Die Geburt dauerte eine Viertelstunde und verlief ohne Komplikationen. Andreas hat bei seiner Geburt zwischen sieben und acht Pfund gewogen. Besondere Auffälligkeiten gleich nach der Geburt zeigten sich bei ihm nicht.

In der ersten Woche hat Andreas nachts viel geschrien. Die Mutter hat ihn schreien lassen, und so hat es sich nach einer Woche auch gegeben. Andreas blieb dann ein ruhiges, artiges Kind. Etwa vom sechsten Monat an kam er in ein «Laufstühlchen», in dem er herumkrabbeln konnte, wenn er Lust hatte. Im elften bis zwölften Monat konnte er frei laufen. Er war damals und ist bis heute dabei vorsichtig und abwartend und würde niemals unüberlegt daraufloserennen.

Andreas wurde nicht gestillt. Er hat gleich nach seiner Geburt gut aus der Flasche getrunken und machte bis zum zweiten Lebensjahr keinerlei Eßschwierigkeiten. Dann hatte die Mutter einige Zeit etwas Mühe mit ihm beim *Essen*; sie sagte sich dabei, «wenn du nicht willst, dann brauchst du nicht»; und nach einiger Zeit aß er auch wieder gut. Jetzt ißt er alles, was auf den Tisch kommt, und hat keine besonderen Vorlieben. Früher hat ihn auch manchmal der Vater gefüttert.

Wie bereits erwähnt, hat Andreas von früh an bis in sein drittes Lebensjahr hinein am Daumen gelutscht. Er gab es damals auf, weil seine Geschwister ihn deshalb auslachten. Die Mutter ist allerdings nicht ganz sicher, ob er jetzt nachts noch manchmal den Daumen in den Mund steckt. Mit sechs Wochen fing Andreas angeblich an zu lallen und sagte bald «Mama» und «Papa». Wann er Zwei-Wort-Sätzchen sprach, weiß die Mutter nicht mehr genau anzugeben. Andreas' Sprachentwicklung verlief bis zum Beginn seines Stotterns mit etwa drei Jahren so normal wie die seiner Geschwister. In seinem dritten Lebensjahr konnte man ihn gut verstehen.

Als Andreas anderthalb Jahre alt war, fing die Mutter mit seiner *Reinlichkeitserziehung* an. Sie hat ihn alle zwei Stunden auf den Topf gesetzt und ihn gelobt und belohnt, wenn «etwas kam». Andreas begriff das schnell und war nach drei Wochen am Tage sauber und trocken. Nachdem die Mutter ihn abends zweimal gegen 22 Uhr noch einmal aufs Töpfchen gesetzt hatte, blieb er auch nachts zuverlässig sauber und trocken. Rückfälle hat es nach dieser vierwöchigen Reinlichkeitserziehung nicht mehr gegeben.

Wenn Andreas draußen spielt, macht er sich oft schmutzig, und er darf es auch. Er kann gut abgeben. Von Naschen berichtet die Mutter nicht.

In seinem dritten Lebensjahr begann Andreas zu trotzen. Er wurde bockig, stampfte mit den Füßen auf und schrie. Dieser natürliche primäre Trotz hat sich anscheinend dem Vater gegenüber, dessen ausgesprochener Liebling Andreas war, zu einem leichten sekundären Trotz verfestigt, denn Andreas versucht manchmal, durch Trotzen beim Vater etwas durchzusetzen.

Im Umgang mit anderen Kindern und fremden Erwachsenen ist Andreas zunächst recht zurückhaltend. Er steht ein wenig abseits von ihnen und schaut ihnen erst einmal zu. Nach einiger Zeit gesellt er sich zu ihnen, spielt mit ihnen, und wenn er richtig mit ihnen warm geworden ist, wird er auch mit ihnen fertig. Er versucht dann sogar, gegenüber anderen und vor allem gegenüber seinem älteren Bruder und seinem Vater seinen Willen durchzusetzen. Andreas hat einen leichten Schlaf und schläft auch manchmal erst spät ein. Er wird regelmäßig zwischen 18 und 19 Uhr ins Bett gesteckt. Morgens ist er immer ausgeschlafen. Nächtliches Aufschreien trat nie auf.

Manchmal braucht Andreas *Zärtlichkeiten* und kommt dann von sich aus, um zu schmusen. Dabei geht er mehr zum Vater als zur Mutter. Wenn die Mutter manchmal das Bedürfnis hat, ihn zu «drücken», er es aber gerade nicht möchte, stößt er sie leicht zurück.

Andreas hat keinen Kindergarten besucht, weil dazu in der Wohngegend der Eltern keine Gelegenheit besteht. Er kann sich gut allein beschäftigen, meist spielt er aber mit seinem vierjährigen Bruder Jürgen. Auf Jürgens Geburt reagierte Andreas nicht auffällig.

Die Mutter meint, daß Andreas in allem ein wenig anders ist als andere Jungen seines Alters. Er ist sehr schreckhaft, empfindet tiefer als andere, fühlt sich schon bei geringen Strafen ungerecht behandelt, ist sehr empfindsam, sehr leicht beleidigt und kann sich auf der anderen Seite über vieles «riesig» freuen. Auf alles scheint er danach rascher, heftiger und nachhaltiger zu reagieren. Wenn kein Zank zwischen den Kindern ist, bei dem er sich immer sehr aufregt, ist Andreas von ruhiger und ausgeglichener Gemütsart. Er ist sehr tierliebend und sammelt mit stiller Begeisterung kleine Käfer, Schmetterlinge und Schnecken.

5. Familiensituation und Umweltbeziehungen

Die Grundatmosphäre in Andreas' Elternhaus wird weitgehend bestimmt durch den Vater und seine besondere Lebenssituation. Herr L. hatte mit etwa dreißig Jahren, kurz vor der Währungsreform, eine Enzephalitis. Er ist schnell erschöpft, sehr leicht erregt, findet tagsüber keine Ruhe, nachts keinen Schlaf, er braust schnell auf und fährt aus der Haut, wenn die Kinder viel Krach machen. Er zieht sich dann von den Kindern zurück und arbeitet für sich. Sein Zustand spitzte sich vor etwa zwei Jahren so zu, daß eine fast einjährige stationäre Behandlung in einer medizinischen Klinik notwendig wurde. Während dieser Zeit soll er epileptische Anfälle gehabt haben.

Andreas' Eltern heirateten 1951. Frau L. trägt die Schwierigkeiten, die sich aus der Krankheit ihres Mannes ergeben, mit viel Verständnis.

Die positiven Seiten ihres Mannes weiß die Mutter sehr zu schätzen. Er hilft ihr im Haushalt, wenn er auch die Bewirtschaftung des Hofes nicht mehr voll durchführen kann (seit der letzten Erkrankung ist der größte Teil des Landes verpachtet). Er schaut nach den Kindern und beschäftigt sich liebevoll und eingehend mit ihnen, solange ihm ihr Treiben nicht zu viel wird. Manchmal versucht er seine Kinder «hereinzulegen». Aber bei Andreas gelingt es ihm meist nicht. Die Mutter meint, Andreas sei dazu zu klug. Der Vater kümmert sich auch um die Schulaufgaben des Großen und beteiligt sich gern an den gemeinsamen Gesellschaftsspielen der Familie.

Im ganzen gesehen aber können die Beziehungen der Eltern nicht glücklich genannt werden. Die Mutter sehnt sich nach einem Gespräch mit ihrem Mann. Aber er ist wortkarg; schweigend sitzt er abends neben ihr vor dem Fernsehapparat und spricht kaum ein Wort mit ihr. Es scheint, als ob Frau L. sich immer wieder sagt, daß sie manches, wonach sie sich sehnt – eine ruhige, ausgewogene Gemütsart ihres Mannes, ein Gespräch mit ihm – nicht von ihrem Mann verlangen kann und so versucht sie, darauf zu verzichten.

Die Erziehung der Kinder und die Versorgung der Hauswirtschaft liegt wegen der physisch-psychischen Behinderung des Vaters weitgehend in der Hand der Mutter. Sie bemüht sich, allen Anforderungen gerecht zu werden. Bisweilen ist sie aber vollkommen erschöpft. Es gelingt ihr dann nicht mehr, einen gleichbleibend ruhigen Ton gegenüber ihren Kindern zu haben, sie fährt sie an, und manchmal weint sie tagelang vor Erschöpfung. Ihre Kinder sind dann rührend besorgt um sie und meinen, sie arbeitete zu viel. Besonders der ältere Junge hilft ihr dann sehr im Haushalt, auch sonst erledigt er manche kleine Aufgabe.

In ihrer Erziehung ist die Mutter um eine gleichbleibend gütige Strenge bemüht. Bis zu gewissen Grenzen läßt sie Zank zwischen den Kindern zu und meint, so könnten sie sich am besten gegenseitig erziehen. Sie greift strafend ein, wenn die Kinder sich schlagen, wenn Jürgen die kleinen Tierchen von Andreas zertritt, wenn Andreas seinen Willen in allzu trotziger Weise durchsetzen will, vor allem, wenn er dies gegenüber seinem Vater versucht. Sie glaubt, hier ein besonderes Augenmerk auf Andreas richten zu müssen, denn er ist in so ausgesprochener Weise Vaters Liebling und von ihm so verwöhnt worden, daß Andreas jetzt wohl meint, «er könne mit dem Vater alles machen». Durch kurze Worte beendet die Mutter Andreas' Trotzszenen gegenüber dem Vater. Heftige Schläge hat Andreas noch nie bekommen; er ist im ganzen so artig, daß sie nicht nötig sind. Manchmal, wahrscheinlich aber häufiger, als die Mutter sich eingestehen möchte, bekommt er einen Klaps. Jürgen wird häufiger bestraft.

Erziehungsuneinigkeiten zwischen den Eltern bestehen nicht, und so kommen auch nie Auseinandersetzungen über Erziehungsmaßnahmen vor den Kindern vor. Die Kinder beschweren sich auch nicht bei dem einen Elternteil über Ermahnungen oder Bestrafungen des anderen. Sie reagieren nicht empfindlich auf die Bevorzugung von Andreas durch den Vater. Die Mutter meint, Andreas' Geschwister wären viel robuster als er und es mache ihnen nichts aus, daß Andreas bevorzugt wird.

Horst paßt auf Andreas auf und greift ein, wenn Jürgen und Andreas sich zanken. Andreas und Jürgen spielen meist zusammen, weil der Große es zu albern findet, mit den Kleinen zu spielen, und die nächsten Kinder etwa zehn Minuten entfernt wohnen. Andreas bemuttert Jürgen und paßt auf, daß er z. B. keine giftigen Beeren ißt. Als Jürgen zu laufen begann, hat er den damals etwa dreieinhalbjährigen Andreas oft geschlagen. Andreas wehrte sich damals kaum, bis ihn die Mutter zum Wehren ermunterte. Jetzt setzt er sich auch gegen Jürgen durch. Eifersüchtig war Andreas angeblich nicht auf Jürgen, aber er sieht darauf, daß er zu seinem Recht kommt. Er kann beleidigt sein, wenn die Mutter Jürgen zuerst etwas Süßes gibt.

Im ganzen betrachtet, herrscht in Andreas' Elternhaus und vor allem zwischen den Kindern ein etwas rauher Ton. So hänseln sich die Kinder auch gegenseitig. Vor allem haben sie es auf Andreas abgesehen. Als er drei Jahre alt war wegen seines Daumenlutschens und heute wegen seines Stotterns.

Zum weiteren Familienkreis gehört noch Andreas' Großmutter väterlicherseits. Die Beziehungen zu ihr sind gut, und Andreas freut sich immer sehr, wenn sie zu Besuch kommt. Da das elterliche Anwesen sehr einsam liegt, besteht kein Kontakt zu Menschen außerhalb der eigenen Familie.

6. Familienanamnese

Andreas' Vater stammt aus einer Handwerkerfamilie. Den Hof hat er von einem Onkel übernommen. In seiner Kindheit ist er zu Hause sehr verwöhnt worden und muß damals ganz anders gewesen sein als nach seiner Enzephalitis. Sprachschwierigkeiten sind weder in der Familie des Vaters noch bei den Kindern seiner Geschwister aufgetreten.

Andreas' Mutter hat keine Geschwister. Die Ehe ihrer Eltern wurde in ihren ersten Lebensjahren geschieden; sie lebte seither bei ihrem Vater. Sie meint, sie wäre als Kind auch sehr tierliebend und sehr zurückhaltend gewesen. Sie hat immer in den Schulhofecken herumgestanden und war froh, wenn sie wieder zu Hause war.

7. Eindruck von der Mutter

Die Mutter machte auf den Erziehungsberater einen sympathischen Eindruck. Ihre ganze Erscheinung wirkte gepflegt und ansprechend. Ihr Auftreten war sicher, und sie hatte ein gut durchschnittliches geistiges Niveau. Ihre für sie nicht einfache und sicherlich an ihren Kräften zehrende Familiensituation schildert sie in keiner Weise klagend, sondern ziemlich sachlich. Sie wirkt wie eine Frau, die sich ganz in den Dienst ihrer Familie stellt und dies als ihre natürliche Aufgabe ansieht. In ihren Aussagen über sich ist sie selbstkritisch. Ihre Haltung gegenüber den Kindern scheint eher streng zu sein. Man gewinnt den Eindruck, daß sie eine natürliche erzieherische Begabung hat. Ihre Aussagen erscheinen verläßlich. Der Kontakt zum Erziehungsberater war sofort hergestellt und blieb während der Anamnese gleichbleibend freundlich. Die Mutter vertraut darauf, daß Andreas' Sprachschwierigkeiten durch psychologische Hilfe behoben werden können. Der Erziehungsberater verspürte Mitleid mit der schwierigen Ehesituation der Mutter, konnte sich aber des Gefühls nicht erwehren, daß die Mutter zu Hause gelegentlich noch ungesteuerter ist, als sie in der Anamnese angab.

AUSWERTUNG DER ANAMNESE ANDREAS L.

1. Störungen durch Umweltfaktoren

a) Lebensraum:
sind bei den günstigen Wohnverhältnissen und den geordneten wirtschaftlichen Verhältnissen der Familie nicht anzunehmen.

b) Erziehungsmilieu:
Andreas wurde seit seinem ersten Lebensjahr sehr vom Vater verwöhnt (hat das Kind gefüttert, bringt ihm etwas Besonderes mit). Der Vater hat infolge einer Enzephalitis ein sehr aufbrausendes Temperament, das einen Gegensatz zu seiner verwöhnenden Haltung gegenüber Andreas darstellen muß. Zwar braust er gegenüber Andreas nicht auf; Andreas hat aber wohl derartige Auftritte miterlebt. In seinem dritten bis vierten Lebensjahr wurde Andreas für ein Jahr vom Vater durch dessen stationäre Behandlung getrennt. Die Mutter ist manchmal sehr erschöpft und braust dann auch leicht auf. Der jüngere Bruder zeigte gegenüber Andreas ein aggressives Verhalten, gegen das er sich anfangs nicht gewehrt hat. Andreas wird manchmal von seinen Geschwistern wegen seines Daumenlutschens und Stotterns gehänselt. Andreas ist Linkshänder, und die Mutter versucht, ihn an den vorwiegenden Gebrauch der rechten Hand zu gewöhnen.

c) Entwicklungsphasen:
Keine besonderen Auffälligkeiten.

2. Weitere auffällige Verhaltensweisen

Keine.

3. Konstitution

Andreas zeigt Merkmale, die für eine Hypersensibilität und «Neuropathie» sprechen; sein rasches, heftiges und nachhaltiges Reagieren auf alle Reize, seine große Gefühlsansprechbarkeit, seine Neigung, gleich zu weinen und beleidigt zu sein, seine Zurückhaltung gegenüber Fremden, seine Erregtheit bei Zank mit den Geschwistern. Allerdings sind körperliche Merkmale, die für eine «neuropathische» Konstitution sprechen, nicht erkennbar. Allenfalls könnten hier der leichte Schlaf und das bisweilen schlechte Einschlafen genannt werden.

4. Körperliche Krankheiten

Nach den Aussagen der Mutter muß es sich um eine Frühgeburt gehandelt haben, doch sprechen Gewicht und Verhalten (Trinken) dagegen. Wegen der Sturzgeburt muß ein Hirnschaden erwogen werden.

5. Positive Persönlichkeitszüge und Umwelteinflüsse

Andreas hat Sinn für Tiere, paßt auf seinen kleinen Bruder auf, wehrt sich neuerdings, wenn er angegriffen wird, kann abgeben, ist nicht nachtragend, befolgt Ermahnungen, ist in allen Dingen nicht impulsiv, sondern abwartend und überlegt. Andreas hat ein ordentliches und auch Geborgenheit vermittelndes Elternhaus. Er weiß, wo er zu Hause ist, und seit seinem ersten Lebenstage sind seine Eltern seine ständigen Betreuer. Er hat die Möglichkeit, draußen zu spielen, sich schmutzig zu machen und in einer Gemeinschaft mit Geschwistern aufzuwachsen.

6. und 7. Hinweise für eine dynamische und genetische Diagnose

Es ist unwahrscheinlich, daß Andreas' Sprachstörungen mit einer *Minderbegabung* in Zusammenhang stehen. Seine Entwicklung ist normal ohne auffallende Verzögerungen verlaufen. Nach den Aussagen der Mutter erweist er sich in vielen Dingen als recht klug – läßt sich von seinem Vater nicht hereinlegen, kann gut auf seinen jüngeren Bruder aufpassen. – Eine *ungenügende Ausreifung des extrapyramidal motorischen Systems* als Mitverursachung ist ebenso zweifelhaft, weil seine Sprachentwicklung anfangs völlig normal verlief und keine sonstigen Bewegungsanomalien vorliegen. In der Entwicklung des Kindes spricht auch nichts für einen *Hirnschaden* nach dem Geburtstrauma.

Es kann mit Sicherheit angenommen werden, daß bei dem *sensiblen, leicht erregbaren, scheuen Jungen* alle störenden Einflüsse ein größeres Gewicht haben, als das bei einem durchschnittlichen Kinde der Fall wäre. Andreas war in dem entscheidenden dritten und vierten Lebensjahr in besonderem Maße Störfaktoren ausgesetzt. In dieser Zeit wurde der jüngere Bruder selbständiger und ging ihn aggressiv an. Er konnte sich lange Zeit nicht wehren. Er wurde von dem ihm besonders nahestehenden Vater für fast ein Jahr getrennt; seine Geschwister lachten ihn aus und hänselten ihn. Dadurch kam es bei dem Kind zu einem nicht bewältigbaren Konflikt. In dessen Folge scheint es als *neurotische Reak-*

tion zum Stottern gekommen zu sein. Auch das in seiner Erscheinungsform weniger gravierende Räuspern und «Augenknibbeln» scheint gleichen Symptomwert als psychogene Spontanreaktion auf eine unbewältigt gebliebene mitmenschliche Lage zu haben. Die intensiven Bemühungen der Mutter, durch Üben das Stottern zu beheben, erreichen gerade das Gegenteil. Sie konfrontieren das Kind nur noch schärfer mit seinem Versagen, verstärken die Sprechangst und verfestigen das Symptom. Die für den Jungen ungünstige Familiensituation kann vielleicht die aktuelle Störung über eine neurotische Fehlentwicklung in *eine echte Neurose* hineinführen. Der verwöhnende, kranke, weitgehend untätige Vater kümmert sich in mütterlicher Weise um Andreas. Er ist aber auch äußerst reizbar und kann heftig reagieren... Die überforderte Mutter muß die Rolle des Vaters mit übernehmen. Sie hatte sich ein Mädchen gewünscht und erhält einen mädchenhaften Jungen. Sie mißbilligt die starke Bindung zwischen Vater und Sohn, und greift ein, wenn sie glaubt, daß der Vater zu nachgiebig ist. Sie straft den Jungen für Aufsässigkeiten gegenüber dem Vater. Gelegentlich bricht die Mutter völlig zusammen.

Ein normaler Entwicklungsverlauf der Geschlechtsrollenübernahme («Bewältigung der ödipalen Situation») ist unter den gegebenen Bedingungen erschwert.

DIAGNOSE AUF GRUND DER UNTERSUCHUNGSBEFUNDE

Es zeigte sich, daß die Aussagen der Mutter weniger zuverlässig als erwartet waren. Andreas ist klein und wirkt entwicklungsrückständig. Die von der Mutter angeblich abgelehnte Mädchenhaftigkeit wird durch die langen schwarzen Locken und den kleinkindhaften Spielanzug eher herausgestrichen. Der Junge stottert so schwer, daß er kaum zu verstehen ist. Durch Mitbewegungen – Schlagen an die Wand oder auf Gegenstände – versucht er, sich den Sprechanfang zu erleichtern. Die *Intelligenz* des Jungen ist *unterdurchschnittlich*. Nach dem Binet-Kramer hat er einen IQ von 72. Selbst wenn man annimmt, daß er zum Teil wegen seiner Sprachbehinderung versagt, so fällt doch der erhebliche *geistige Entwicklungsrückstand* auf. Das Kind, das in einem halben Jahr schulreif sein sollte, verfügt noch nicht über den Zahlbegriff «drei». Er versagt vor allem im Auffassen und Zergliedern von optischen Figuren und Mengen. Das legt, zusammen mit der Angabe über die Sturzgeburt, den Verdacht auf eine *Hirnschädigung* nahe. In den – kaum durchführbaren – projektiven Verfahren tritt die starke Bindung an den Vater hervor. Wir finden erhebliche Ängste und gestaute Aggressionen vor allem gegen die Mutter. Die Untersuchungsergebnisse legen eine *neurotische Fehlentwicklung* nahe, deren Dynamik und Struktur aber wegen der dürftigen Befunde bei der Erstuntersuchung nicht näher geklärt werden konnten. Die endgültige medizinische und psychologische Diagnose soll nach einem stationären Aufenthalt gestellt werden. Mehrfache Beratung der Eltern und Spieltherapie des Jungen sind vorgesehen.

4. ANAMNESE GABRIELE Z.

Die Anamnese wurde im Mai 1960 durch Dr. Ke. mit der Adoptivmutter des Kindes durchgeführt.

1. Grund der Vorstellung

Die dreizehnjährige Gabriele wurde von ihrem Adoptivvater in der Erziehungsberatung angemeldet. Die Mutter berichtet:
Gabriele bereitet ihren Adoptiveltern vor allem durch ihr Fortlaufen Schwierigkeiten, das vor knapp einem Jahr zuerst auftrat. Damals war Gabriele mit dem Kinderwagen, in dem sie das Kind einer Nachbarin ausfuhr, über eine belebte Straße gefahren und hatte dafür von der Mutter eine Ohrfeige erhalten. Danach war sie fortgerannt. Sie hatte sich zuerst in der Nachbarschaft herumgetrieben, war dann zu Verwandten, dann zu Bekannten gegangen. Erbetteltes Geld setzte sie in Süßigkeiten um. Endlich griff die Polizei sie auf, die von den besorgten Eltern schon benachrichtigt worden war und brachte das Mädchen kurz nach Mitternacht nach Hause.

Seitdem ist Gabriele mindestens sechsmal fortgelaufen. Am schlimmsten ist es zur Kirmeszeit. Die Eltern haben den Verdacht, daß ein junger Mann sie einmal von der Kirmes aus mitgenommen und verführt hat. Die Polizei griff sie am frühen Morgen auf, nachdem sie «per Anhalter» aus einer der umliegenden Ortschaften kam. Gabriele gab freimütig zu, daß sie sich von dem jungen Mann hatte mitnehmen lassen. Sie stritt aber ab, daß es zu sexuellen Berührungen gekommen war.

In den letzten Jahren hat Gabriele häufiger die Schule geschwänzt, vor allem dann, wenn sie Strafarbeiten machen mußte oder sich vor dem Aufsagen von Gedichten fürchtete. Sie ging öfter nicht zur Schule, kam aber mittags pünktlich nach Hause. Da sie zu ungeschickt war, ihre Unkenntnis der Hausaufgaben zu verbergen, wurde sie ertappt.

Die Adoptivmutter vermutet, daß es für Gabriele ein erheblicher Schock war, vor etwa einem Jahr durch Kinder auf der Straße von ihrer Adoption zu erfahren. Die Mutter bringt den Beginn des Fortlaufens mit diesem Ereignis in Zusammenhang. Sie läuft vor allem dann fort, wenn sie Angst hat, zu Hause bestraft zu werden.

Gabriele weint immer, wenn sie zurückgebracht wird und verspricht, nie wieder fortzulaufen. Die Eltern haben mit strengen Strafen und gutem Zureden versucht, eine Änderung des Verhaltens zu erreichen, doch blieb alles ohne Erfolg. Inzwischen haben die Adoptiveltern ernstlich erwogen, Gabriele ihren leiblichen Eltern zurückzugeben. Sie haben dem Kind auch schon damit gedroht.

Das Fortlaufen ist der gewichtigste, aber nicht der einzige Grund zur Klage der Eltern. Von früh an hat Gabriele gelogen. Auch heute noch schwindelt sie immer wieder. Der Mutter erscheint ihr Lügen «ganz unverschämt», weil sie auch dann noch bei ihren Aussagen bleibt, wenn sie überführt wird. Als kleines Kind hat Gabriele ständig um Süßigkeiten gebettelt. Heute nimmt sie sich zu Hause, was ihr schmeckt und ißt es. Es kann vorkommen, daß sie dem Vater heimlich den Aufschnitt von den bereits hergerichteten Frühstücksbroten entwendet. Sie hat sich auch schon kleine Geldbeträge angeeignet und sich dafür Eis und Süßigkeiten gekauft.

In der Anamnese wird noch deutlich, daß Gabriele motorisch sehr unruhig ist und daß sie nachts häufig aus dem Bett aufsteht und herumläuft. Wird sie dann von der Mutter angesprochen, so weiß sie nicht, wo sie ist, und kann sich an nichts erinnern.

Zusammenfassend läßt sich sagen: Gabriele wird von ihren Adoptiveltern vorgestellt, weil sie von zu Hause fortläuft, lügt, nascht und kleinere Diebereien begeht. Die Eltern fragen sich, ob es sinnvoll sein kann, das Mädchen ihren leiblichen Eltern zurückzugeben. Weiter ist zu bemerken, daß das Kind sehr unruhig ist, an «Nachtwandeln» leidet und wahrscheinlich sexuell mißbraucht worden ist.

2. Wohnorte und äußerer Lebensrahmen

Gabriele war vier Jahre alt, als sie in die Familie ihrer Adoptiveltern aufgenommen wurde.

Aus ihrer frühen Kindheit und von ihren leiblichen Eltern sind nur wenig Einzelheiten bekannt. Das Kind war nicht erwünscht, da die Familie keine eigene Wohnung hatte und bei den Eltern der Mutter notdürftig untergebracht war. Die Großmutter bevorzugte die ältere Schwester Gabrieles und lehnte dieses Kind heftig ab. Nachfolgende Geschwister engten den verfügbaren Wohnraum noch mehr ein. Die finanzielle Lage war kläglich. Gabriele war viel sich selbst überlassen, trieb sich auf der Straße herum und bettelte fremde Leute an.

Die Adoptiveltern waren flüchtig bekannt mit den leiblichen Eltern des Kindes. Frau Z. griff die äußerlich verwahrloste kleine Gabriele eines Tages auf der Straße auf. Das Kind dauerte sie so, daß sie es spontan zu einem Erholungsaufenthalt mit zu sich nahm. Sechs Wochen später war ihr die Kleine, «die keinen dummen Eindruck» machte, schon sehr ans Herz gewachsen. So entschlossen sich Herr und Frau Z., die keine eigenen Kinder hatten, Gabriele ganz bei sich zu behalten.

Gabriele (vier Jahre alt!) wurde vor die Wahl gestellt, ob sie zu ihren Eltern zurück wollte, oder lieber ganz bei der neuen Tante und dem neuen Onkel bleiben möchte. Das Kind «entschied» sich für die Adoptiveltern. Die leiblichen Eltern meinten, daß es so für das Kind besser sei. Die endgültige Adoption wurde etwa zwei Jahre später rechtsgültig. Der leibliche Vater, nun mit «Onkel» angeredet, besuchte das Mädchen aber noch mehrere Jahre lang gelegentlich.

Außer für einen Kuraufenthalt von sechs Wochen ist Gabriele nicht von ihren Adoptiveltern getrennt gewesen. Sie ist das einzige Kind in der Familie geblieben.

Die Familie besitzt eine kleine, aber ausreichende Wohnung. Gabriele hat ihr eigenes Zimmer. Hof und Garten bieten genügend Spielraum. Der Adoptivvater ist bei der Post beschäftigt. Die Adoptivmutter hat gelegentlich Heimarbeit verrichtet. Die Familienverhältnisse sind geordnet.

3. Krankheiten

Während der Schwangerschaft von Gabriele machte die Mutter angeblich mehrere Abtreibungsversuche. Das Kind soll während des sechsten Schwangerschaftsmonats geboren sein und soll weniger als 1500 g gewogen haben. Es blieb die ersten drei Monate seines Lebens im Brutkasten. Bei den Adoptiveltern ist Gabriele wenig krank gewesen. Sie machte die üblichen Kinderkrankheiten durch. Wegen einer leichten Verschattung der Lunge wurde sie im dritten Schuljahr sechs Wochen zur Erholung verschickt. Im Kinderheim gefiel es ihr aber gar nicht, weil sie das Essen nicht mochte und mittags nicht schlafen wollte.

In ihrer Kindheit ist Gabriele häufig gefallen, ohne daß man sagen konnte, worüber sie fiel. Sie war «tapsig» und unsicher. Plötzlich schien sie sich für kurze Zeit nicht auf den Beinen halten zu können. Sie schien selbst ihr Fallen nicht zu bemerken, stand auf und lief weiter. Heute hat sich das ganz verloren. Gabriele fährt sicher Fahrrad.

4. Biographie

Über die frühe Kindheit ist wenig bekannt. Als die Adoptiveltern das Kind übernahmen, wirkte es wie eine Zweijährige. Gabriele war klein, schmächtig und unterernährt. Doch schien sie der Mutter dabei aufgeweckt und lebhaft. Sie konnte schon sehr gut sprechen. Sprachschwierigkeiten hat sie nie gehabt.

Damals aß sie sehr wenig. Die Adoptivmutter kaufte «alles nur Erdenkliche» für das Kind, verabreichte ihm appetitanregende Medizin und konnte bald feststellen, wie das Kind gedieh. Aber im ersten halben Jahr nach der Übersiedlung bettelte sie noch häufig fremde Leute an. Erst als sie deswegen heftig geschlagen wurde, unterließ sie es. Später wurde Gabriele ein guter Esser. Heute ißt sie, wenn auch nicht immer gerne, alles, was auf den Tisch kommt. Obwohl sie reichlich ißt (abends bis zu sieben Butterbroten), nascht sie ständig. Früher bat sie um Süßigkeiten, wenn sie Hunger danach hatte. Heute nimmt sie sie sich einfach. Sie geht auch an abgeschlossene Schränke.

Als Gabriele von Familie Z. aufgenommen wurde, lutschte sie ständig an einem Zuckerstück, das mit einem Läppchen umwickelt war. Die Mutter mochte das nicht leiden; Gabriele bekam einen Schnuller. Der wurde dann später bei Verwandten «vergessen». Gabriele benutzte dann zeitweilig den Bettzipfel als Lutscher. Das Lutschen ließ um das fünfte Lebensjahr nach, doch begann bald darauf Nägelkauen, das bis heute bestehen blieb. Die Mutter versuchte es mit Zureden, mit Strafen, mit Senf; Gabriele ließ das Nägelkauen nicht und das, obwohl sie sich neuerdings gern hübsch anzieht und sich auch schon einmal die Lippen geschminkt hat.

Als Gabriele mit vier Jahren zu ihren jetzigen Eltern kam, war sie ziemlich trocken und sauber. Über die Art der frühkindlichen Reinlichkeitserziehung ist nichts bekannt. Damals kam es noch immer wieder vor, daß sie sich draußen beim Spielen die Hose naßmachte. Die anderen Kinder wurden deshalb beauftragt, für Gabriele rechtzeitig an der Haustüre zu schellen, damit sie noch schnell genug nach oben auf die Toilette gehen könne. Aber Gabriele kniff oft einfach aus, wenn die Kinder geschellt hatten. Auch dieses Verhalten besserte sich nach Schlägen. Bettnässen ist nie vorgekommen.

Gabriele war und blieb «schmuddelig». Alle fünf Minuten hatte sie etwas anderes in der Hand, warf alles einfach hin, räumte nicht auf, konnte sich und ihre Sachen nicht sauberhalten. Die Mutter versuchte es hier mit Güte und mit Entzug von Belohnungen, doch half auch das auf die Dauer nicht viel. Gabriele ist noch immer unordentlich. Sie läßt ihr Zimmer «verkommen», zieht am liebsten die besten Kleider an, kümmert sich dann aber nicht mehr darum, wie sie aussehen.

Als Gabriele in die Familie kam, trotzte sie heftig. Aber nach einem halben Jahr hat die Mutter den «Trotz gebrochen». Sie schlug einmal heftig auf das Kind ein, «das hat gewirkt».

Wenn Gabriele mit anderen Kindern zusammen ist, soll sie den Ton angeben, kommt aber gewöhnlich damit nicht durch. Gabriele gibt gern ab. Manchmal ist sie «so raffiniert», daß sie etwas anbietet, um selbst etwas nehmen zu können.

Gabriele ist ein richtiges «Schmusekind». Selbst, wenn sie bestraft worden ist, zeigt sie sich noch anhänglich und anschmiegsam. Gewöhnlich haben ihre Zärtlichkeiten aber ganz bestimmte Gründe, sie hat etwas «ausgefressen» oder sie möchte etwas erreichen. Die Menarche trat ein, als das Mädchen elfeinhalb Jahre alt war. Das Ereignis traf sie völlig unvorbereitet, und sie war sehr verlegen. Die Mutter nahm das Ereignis zum Anlaß, sie aufzuklären. Gabriele blieb dabei «ganz gelassen», gab ihr neues Wissen dann aber gleich zum Schrecken der Mütter der Nachbarschaft an viele kleinere Kinder weiter.

Gabriele spielt am liebsten mit Jungen. Sie fährt auch die Kinder von Nachbarinnen aus, wie die Mutter glaubt, weil das eine gute Gelegenheit ist, sich mit Jungen zu treffen.

Das Kind konnte noch nie gut allein spielen. Sie wußte sich nicht zu beschäftigen und war immer bei allem sehr unstet.

Mit fünf Jahren kam Gabriele in den Kindergarten und soll dort nicht auffällig gewesen sein.

Ihre Schwierigkeiten traten nach der Einschulung verstärkt auf. Sie war von Anfang an sehr unruhig. Man band sie an der Bank fest – ohne Erfolg. Sie lernte vom ersten Schuljahr an schwer. Beginn mit synthetischer Methode. Es war bald notwendig, daß sich jemand um die Schularbeiten kümmerte. Erst übernahm die Mutter, dann der Vater, dann eine Nachbarin, dann wieder die

Mutter das Beaufsichtigen der Hausaufgaben. Niemand hat so viel Geduld, wie das Mädchen es benötigt. Sie kann gelegentlich sehr schnell mit den Aufgaben fertig sein, aber meist dauert es sehr lange. Oft versteht sie einfach nicht, worum es sich handelt. Durch ihren Erholungsaufenthalt mußte Gabriele das dritte Schuljahr wiederholen. Im vierten Schuljahr blieb sie sitzen. Sie versagte im Rechnen und Rechtschreiben. Das Sitzenbleiben hat sie «nicht tragisch» genommen. Im Rechnen und Rechtschreiben bringt sie immer noch schlechte Noten nach Hause. Gabriele hat keinen Ehrgeiz und weiß noch nicht, welchen Beruf sie einmal ergreifen möchte. Sie wird nach dem sechsten Schuljahr die Schule verlassen. Die Eltern möchten sie gern anschließend zu Schwestern «ins Kloster stecken». Dort kann sie den Haushalt lernen und nicht fortlaufen. Lehrerin und Mutter glauben, daß Gabriele wohl etwas lernen kann, wenn man sie nur genügend dazu anhält. So geht es auch im Haushalt. Wenn die Mutter «dahintersteht», kann sie die Küche und die Fenster putzen und beim Kochen helfen. Wenn sie es gut macht, wird sie gebührend gelobt.

Vom Kommunionunterricht erhoffte sich die Mutter eine Besserung des Verhaltens des Kindes. Aber am Tage vor der ersten Beichte lief das Mädchen fort und trieb sich herum. Die Mutter versuchte, auch die Beichte als Erziehungsmittel einzusetzen, aber auch das hilft nicht. Gabriele verspricht Besserung, kann aber ihre Versprechen nicht halten. Sie lügt, nascht, stiehlt und läuft weiter fort. Als man Gabriele Taschengeld gab, steckte sie es nur zum Schein in die Spardose, nahm es dann wieder heraus und kaufte sich Süßigkeiten dafür. Deshalb erhält sie kein Taschengeld mehr.

Die Mutter hat manchmal das Gefühl, daß «es» Gabriele überkommt und daß sie sich nicht dagegen wehren kann. Die Mutter traf das Mädchen einmal mitten in der Nacht in einer Grünanlage, nachdem es fortgelaufen war. Sie konnte sich an nichts erinnern und folgte der Mutter willig nach Hause. Oft ist sie ängstlich und bittet die Mutter, sie möge alles abschließen. Gabriele schläft unruhig, steht nachts oft auf und läuft umher, so daß die Mutter befürchtet, das Kind könne einmal die Treppe herunterfallen oder zum Fenster hinausstürzen. Morgens steht sie immer schon ganz früh auf, oft ist sie schon um sieben Uhr aus dem Haus gegangen, ehe die Mutter erwacht.

In ihrer freien Zeit spielt Gabriele gern mit ihren Freundinnen auf der Straße. Sie geht zum Fernsehen, fährt Fahrrad, liest Micky-Maus-Hefte. Bücher liest sie nicht, macht auch keine Handarbeiten. Sie geht zuverlässig einkaufen und rechnet ordentlich mit dem Geld ab. Allein verreist war sie noch nicht. Am liebsten treibt sie sich in der Stadt herum, besieht sich Schaufenster oder geht in die großen Kaufhäuser.

Bei anderen Erwachsenen ist sie im allgemeinen gefällig und zuvorkommend. Zu Hause zeigt sie sich aber widerwillig bei Schulaufgaben und häuslichen Arbeiten; sie geht nur ungern zur Schule. Die Mutter äußert, daß sie und der Vater keine Freude mehr an Gabriele haben und nicht wissen, wie es weitergehen soll.

5. Familiensituation und Umweltbeziehungen

Über die Lebensumstände des Mädchens in der Familie seiner leiblichen Eltern während der ersten vier Lebensjahre ist wenig bekannt. Sicher hat es dem Kind an der notwendigen Geborgenheit und Ordnung gefehlt. Die Mutter sorgte nicht einmal für das leibliche Wohl, die Großeltern begegneten dem Kind mit offener Feindseligkeit, eine ältere Schwester wurde vorgezogen. Der leibliche Vater dagegen hing sehr an Gabriele, nahm sie häufig mit spazieren und verwöhnte sie heimlich. Der Adoptivvater zeigte dann eine ähnliche Haltung. Er fühlt sich Gabriele sehr verbunden und ist sehr zärtlich zu ihr. Der Vater schlägt sie kaum, und wenn die Mutter es tut, versucht er, sie daran zu hindern. So ist das Verhältnis des Kindes zum Vater inniger als zur Mutter. Inzwischen bereut der Vater seine Milde und ist tief bekümmert über das Verhalten des Mädchens.

Beide Adoptiveltern haben das Kind in ihr Herz geschlossen und haben sich bemüht, ihm echte Geborgenheit, eine «richtige Familie» zu schenken. Aber sie machten sich zu wenig Gedanken darüber, welcher Schaden der Entwicklung des Kindes in den ersten vier Lebensjahren angetan worden war und wieviel Geduld notwendig sein würde, ein solches Kind an ein geordnetes Familienleben zu gewöhnen. Die Mutter versuchte es sofort mit «durchschlagenden» Maßnahmen. So wechselten weiter Verwöhnung und Härte in der Erziehung.

Das Milieu ist kleinbürgerlich geordnet. Die Mutter trägt augenblicklich die Hauptverantwortung für die Familie, sie fällt die notwendigen Entscheidungen. Die Eheleute kommen gut miteinander aus.

Im letzten Jahr ist die Haltung der Mutter gegenüber dem Mädchen zunehmend unsicherer und ambivalenter geworden. Gabriele soll in der Nachbarschaft geäußert haben, «ich laufe fort, weil ich Angst habe, ich bin ja nicht bei meinen richtigen Eltern». Das hat die Mutter tief getroffen und verletzt. Sie möchte Gabriele gern jetzt für einige Monate zu ihren leiblichen Eltern geben, damit das Mädchen endlich einmal sieht, wie gut sie es bei ihren Adoptiveltern hat. Außerdem befürchtet sie, daß Gabriele sonst später, wenn sie im Beruf steht und Geld verdient, zu ihren leiblichen Eltern zurückkehrt und die Adoptiveltern um den Erfolg ihrer jahrelangen Bemühungen bringt. Aber sie kann sich auch nicht ernstlich vorstellen, daß sich sie von dem Kind trennen wird.

Zu Erwachsenen außerhalb der eigenen Familie hat Gabriele keine engeren Beziehungen.

6. Familienanamnese

Die leibliche Mutter wurde – noch sehr jung – von ihrem ersten Mann geschieden. Der leibliche Vater soll ähnliche Verhaltensweisen wie Gabriele gezeigt haben, er log. Über die Geschwister ist nichts bekannt.

Die Adoptiveltern stammen aus Westfalen. Sie sind arbeitsam, fleißig und strebsam. In seiner Freizeit züchtet der Vater Kaninchen, die Mutter verbessert durch Heimarbeit die Einkünfte.

7. Eindruck von der Mutter

Frau Z. ist einfach gekleidet und wirkt auf den Erziehungsberater ein wenig herb und verhärmt. Sie tritt bescheiden auf, erzählt bereitwillig, an Einzelheiten kann sie sich des öfteren nicht erinnern. Sie zeigt sich am Schicksal ihres Kindes sehr beteiligt und ist während der Anamnese mehrmals den Tränen nahe. Sie scheint an Gabriele zu hängen und möchte sie gerne behalten. Obwohl sie sich sehr unsicher fühlt, ob sie Gabriele für eine Zeit fortgeben soll oder nicht, stellt sie ihre eigenen früheren und augenblicklichen Erziehungsmaßnahmen und -haltungen in gar keiner Weise in Frage. So hat sie sich nicht überlegt, welche ungünstigen Folgen es für die seelische Entwicklung des Kindes haben kann, wenn man ihm droht, es den leiblichen Eltern zurückzugeben. Auch macht sie sich nicht klar, daß das bei einer vollzogenen Adoption rechtlich nicht ohne weiteres möglich ist.

Die Anamneseerhebung bereitete dem Erziehungsberater keine Schwierigkeiten. Der Kontakt war gleichbleibend gut. Er wunderte sich allerdings, daß die Mutter nie die Partei des Mädchens ergriff. So äußerte sie kein abfälliges Wort über den jungen Mann, der Gabriele nach der Kirmes nachts mit nach Hause nahm und sie wahrscheinlich verführte. Aber sie fand böse Worte für Gabriele, die sich hatte mitnehmen lassen – der Mann war doppelt so alt wie das Kind. Der Erziehungsberater empfand voll Bedauern mit der Mutter, die in ihrem Bemühen, ein fremdes Kind großzuziehen, so kläglich gescheitert ist. Er hatte einige Mühe, sich während der Anamnese nicht anmerken zu lassen, wie ungünstig er die Prognose beurteilt.

AUSWERTUNG DER ANAMNESE

1. Störungen durch Umweltfaktoren

a) Lebensraum:

Ungünstige Wohnverhältnisse in den ersten vier Lebensjahren, Unruhe, Armut, fehlende äußere und innere Ordnung.

b) Erziehungsmilieu:

Unerwünschtes Kind, heftige Ablehnung durch Großeltern und Mutter, Bevorzugung der älteren Schwester. Heimliche Verwöhnung durch den Vater. Mangelnde Beaufsichtigung und Pflege. Abrupter Familienwechsel, als das Kind vier Jahre alt war. Seitdem Einzelkind. Adoptivmutter streng, harte Strafen, fehlendes Verständnis für Eigenheiten des Kindes. Adoptivvater weich, nachgiebig, vielleicht zu zärtlich. Schock durch plötzliche Aufklärung über Adoption. Unsicherheit der Eltern gegenüber den Verhaltensauffälligkeiten des Kindes, ungeschickte Drohungen.

c) *Entwicklungsphasen:*

Gestörtes Verhältnis zur Nahrungsaufnahme. Späte, aber harte Reinlichkeitserziehung. «Brechen» des Trotzes. Verspätete, wahrscheinlich ungeschickte sexuelle Aufklärung. Wahrscheinlich sexuelle Verführung.

2. Körperliche Krankheiten

Abtreibungsversuche, Frühgeburt, sehr geringes Geburtsgewicht, Couveuse, Hirnschaden muß vermutet werden. Verschattete Lunge, Erholungsaufenthalt, dadurch Zurückversetzung im dritten Schuljahr, viele Anzeichen, die auf Anfallsäquivalente deuten: Das plötzliche Hinfallen, das Nachtwandeln, der unruhige Schlaf, auch das Fortlaufen wirkt dranghaft.

3. Konstitution

Ixoide Züge (siehe Krankheiten), anhänglich, nicht nachtragend. Auffällig ist weiter: seit Frühkindheit unruhig, unstet, sprunghaft, fehlende Steuerungsfähigkeit gegenüber Antriebsimpulsen. Charakterliche Labilität findet sich bei beiden Eltern.

4. Weitere auffällige Verhaltensweisen

Erhebliche Schulschwierigkeiten, einmal zurückversetzt, einmal sitzengeblieben. Unordentlich, mangelnder Ehrgeiz, Nägelkauen. Kann sich anderen Kindern schwer unterordnen, sich aber bei ihnen auch nicht durchsetzen. Fühlt sich schon sehr zu Jungen hingezogen.

5. Positive Persönlichkeitszüge und Umwelteinflüsse

Ist anhänglich, trägt nicht nach, kann schon recht gut bei Hausarbeiten helfen. Die Adoptiveltern haben das Kind aus einer ungünstigen Umwelt genommen und in geordnete Familienverhältnisse verpflanzt. Es hat ein eigenes Zimmer. Die Eltern sind aufrichtig um eine rechte Erziehung bemüht.

6. und 7. Hinweise für eine dynamische und genetische Diagnose

Der Verdacht auf eine prä- oder perinatale *Hirnschädigung* liegt nahe. Die Folgen könnten u.a. die wahrscheinlich *unterdurchschnittliche Intelligenz*, die motorische Unruhe und die *Anfallsäquivalente* sein. Es ist allerdings auch denkbar, daß Minderbegabung, Unruhe und epileptoide Konstitution unabhängig von oder neben der verminderten hirnorganischen Schädigung bestehen.

Dieses konstitutionell stark belastete Mädchen ist durch die ungünstige Umwelt, in der es aufwuchs, erheblich geschädigt worden. Der Mangel an mütterlicher Zuwendung und Geborgenheit, die etwas asozialen Familienverhältnisse in den ersten vier Lebensjahren bei der gleichzeitig verwöhnenden Haltung des Vaters dürften ungünstig auf die Entwicklung der Antriebssteuerung eingewirkt haben. Die Situation wurde für das Kind durch die Adoption nicht vollständig gebessert. Wieder ist die Mutter zu hart, um zu einer ungetrübten Liebesbindung zu führen, der Vater zu nachgiebig, um Vorbild zu sein. Man darf ziemlich sicher annehmen, daß sich eine *strukturelle Verwahrlosung* angebahnt hat. Ob zusätzlich eine erbmäßig angelegte, *konstitutionelle Abweichung* («psychopathische» Veranlagung, Haltlosigkeit und Willensschwäche, Labilität der Eltern) vorliegt, wird kaum zu klären sein. Die *sexuellen Erfahrungen*, die das Mädchen wahrscheinlich schon gemacht hat, verfestigen die Verwahrlosungserscheinungen.

DIAGNOSE NACH DEN UNTERSUCHUNGSBEFUNDEN

Die Untersuchungsbefunde bestätigen die Diagnose aus der Anamnese.

Das abgeleitete EEG (Herdverdacht) und die weiteren medizinischen Befunde machen eine frühkindliche Hirnschädigung ziemlich wahrscheinlich. In die gleiche Richtung weisen die psychologischen Befunde. Große Diskrepanz zwischen Verbal- und Handlungsteil im HAWIK, VIQ 100, HIQ 80, GIQ 89. Völliges Versagen in den Untertests Bilderergänzen, Mosaiktest, Figurenlegen bei durchschnittlichen verbalen Leistungen. BENTON-BENDER-Tests auffällig. Im Rorschach Organiker-Syndrom; starke Perseverationen und Stereotypien in allen Tests machen eine ixoide Konstitution wahrscheinlich. Deutlicher als in der Anamnese werden aus Verhalten und Testbefunden der beträchtliche seelische Entwicklungsrückstand, der merkwürdig mit den gleichzeitig vorhandenen pubertären Anzeichen kontrastiert und erhebliche Unsicherheit und Angst deutlich. Die projektiven Verfahren sprechen für nicht ausreichende Steuerungsfaktoren und eine unreife Gewissensbildung und damit für eine strukturelle Verwahrlosung.

KATAMNESE

Trotz einer kombinierten Einzel- und Gruppentherapie des Mädchens und intensiver Beratung der Eltern ließ sich der äußere Verwahrlosungsprozeß nicht mehr aufhalten. Das Fortlaufen häufte sich, und damit wurde die sexuelle Gefährdung des Mädchens zu groß. So wurde die Unterbringung in einem Heim der freiwilligen Fürsorgeerziehung der einzige verbleibende Ausweg. Die nachgehende Beratung der sehr enttäuschten Eltern richtet sich im Augenblick darauf, diese zu bewegen, das Kind nicht fallen zu lassen, sondern den Kontakt mit ihm zu pflegen.

VI. ANHANG

HINWEISE ZUR GUTACHTENABFASSUNG

Es gibt viele Möglichkeiten, ein Gutachten abzufassen. Keine der möglichen Formen kann für alle Fälle verbindlich sein. Das Gutachten wird sich mit der Fragestellung und für den jeweiligen Empfänger ändern. Bei Fachkollegen kann man Fachausdrücke benützen, und man wird die Befunde so darstellen, daß eine Nachprüfung möglich ist. Geht das Gutachten an Laien – das Einverständnis der Eltern vorausgesetzt (Schweigepflicht) –, so muß es für diese verständlich sein. Im Gutachten kann man von einer hervorstechenden Eigenschaft, oder von der Genese, oder von den Schwierigkeiten, deretwegen das Kind vorgestellt wird, ausgehen.

Das hier vorgelegte Gutachtenschema eignet sich vor allem zur Übung für Anfänger. Es ermöglicht dem Studierenden, brauchbare Gutachten abzufassen, auch wenn er darin erst wenig Erfahrung besitzt. Das Schema erleichtert eine Gutachtensabfassung so weit, daß der Verfasser keine besondere sprachliche Begabung besitzen muß, wie sie z. B. gefordert ist, wenn man ein Gutachten von einer hervorstechenden Einzeleigenschaft des Probanden her aufbaut.

Es handelt sich also um eine ganz allgemeine Gutachtenform zu Übungszwecken. Das Schema muß für alle speziellen Vorhaben abgewandelt werden. Gekürzt kann es auch als Kurzgutachten für die Erziehungsberatungsstelle Verwendung finden.

In den Gutachten nach dem vorliegenden Schema soll ein dynamischer Zusammenhang zu spüren sein vom «Grund der Vorstellung» bis zum Höhepunkt in der «Diagnose». «Prognose» und «Therapievorschläge» bilden dann den Ausklang.

Das Gutachten soll knapp und präzise sein, aber doch alle wesentlichen Befunde bringen. Beispiele gehören nicht in diese Form des Gutachtens. Sie können in den Unterlagen nachgelesen werden. Das Gutachten soll auch für den Laien verständlich sein.

1. GRUND DER VORSTELLUNG

Name des Kindes, Geburtsdatum bzw. Alter, vorgestellt von wem, auf wessen Veranlassung, eventuell Name des Untersuchers, Ort und Datum der Untersuchung.
Klagen der Eltern, Fragestellung.
Begleitumstände der Symptomatik, Schwierigkeiten seit wann bestehend.

Falls bestimmte Schwierigkeiten sich erst bei der Nachfrage des Untersuchers in der Anamnese ergeben, müssen diese hier als solche gekennzeichnet werden.

Desgleichen grobe Auffälligkeiten, die der Untersucher am Kind beobachtet hat, welche die Erziehungsberechtigten aber nicht erwähnten.

Manchmal kann es wichtig sein, gesondert hervorzuheben, daß keine Erziehungsschwierigkeiten bestehen.

Ist Punkt 1 sehr ausführlich, am Schluß die Schwierigkeiten nochmals kurz zusammenfassen bzw. die Untersuchungsfrage oder -fragen punktweise herauskristallisieren.

2. ÄUSSERES UND VERHALTEN

Kurz den Probanden charakterisieren, so daß er dem Leser plastisch wird. Reihenfolge: Äußeres, Kontakt-, Arbeitsverhalten.

Nicht alles Beobachtete aufzeichnen, sondern solche Züge herausstellen, die die Fragestellung betreffen.

Körperliche Konstitution. Beurteilung des allgemeinen Entwicklungsstandes.

3. ZUSTANDSBILD

Folgende Unterpunkte

Intelligenz, Interessen, Stimmungen und Affekte, Bedürfnisse und Motivation, Konflikte, treibende und steuernde Kräfte, Weltbild; Konstitution.

Diese Unterpunkte nicht durch Überschriften, sondern nur durch Absätze charakterisieren, Zustandsbild wird sonst zu abgehackt, da manchmal Unterpunkte ineinander übergehen müssen.

Tests, die verwandt wurden, aufführen.

Intelligenz

Pauschale Charakterisierung der Intelligenz (mit IQ bzw. SW quantitativ und qualitativ, auch Gegensätze in den Tests, falls notwendig). Pauschale Beurteilung der Intelligenzausrichtung bzw. des Intelligenzschwerpunktes (eventuell schon Art der Intelligenzminderung bzw. der Störung).

Man geht dann von einer allgemeinen Charakterisierung des Denkens und der intellektuellen Abläufe zu Einzelzügen bzw. Einzelaspekten der Intelligenz (z.B. Abstraktionsfähigkeit) und dann zu bestimmten Begabungen über.

Von den Begabungen bzw. Persönlichkeitsradikalen, die instrumental für die Intelligenz sind (z.B. Gedächtnis) zu Schulleistungen, zu Wissen, Kenntnissen, Fertigkeiten (siehe Einzelheiten zur Intelligenzdiagnostik).

Es kann günstig sein, immer erst die positiven und dann die negativen Seiten zu schildern. Entweder für jede Untergruppe, oder für die ganze Intelligenz.

Interessen

Welche Interessen sind vorhanden (von Beispielen abstrahieren). Sind sie passiv oder aktiv ausgeübt, altersentsprechend oder nicht.

Affektivität

Allgemeine Grundgestimmtheit.
Artung der Gefühle (z.B. Ängste, allgemeine Empfindsamkeit).
Reichtum oder Armut der Gefühle.
Stärke und Durchhaltefähigkeit bzw. Störbarkeit der Affektivität.
Affektivität objektgebunden oder nicht.

Bedürfnisse und Motivationen

Allgemeine Vitalität bzw. Stärke der Antriebe.
Art und Ausprägung der verschiedenen Bedürfnisse, ihre gegenseitige Verschränkung und Abhängigkeit, Stellung auf den verschiedenen Ebenen (real, irreal, verdrängt).
Kontaktfähigkeit.
Realitätsbezug.

Steuerungsfunktionen

Verhältnis von treibenden und steuernden Kräften (Es, Ich, Überich), Wertsystem, Gewissen, Abwehrmechanismen.
Entwicklungsstufe der Persönlichkeitsorganisation.
Sind Konflikte vorhanden und welche?

Weltbild

Allgemeine Charakterisierung der Eigenwelt des Probanden, allgemeine Beschreibung der Stimmung dieser Welt.
Beziehungen des Probanden zu anderen Menschen.
Wie sieht er Vater, Mutter, Geschwister, Ehepartner, Freunde, sonstige Menschen, sich selbst.

Konstitution

Falls sich die Konstitution sehr zwingend aus den bis hierher geschilderten Aspekten der Persönlichkeit ergibt, kann sie an dieser Stelle schon aufgezeigt werden.

Im «Zustandsbild» sollen keine Befunde aus der Anamnese gebracht werden. Bei der Darstellung der Befunde aus der Untersuchung muß jeweils deutlich werden, ob sie aus der Exploration oder aus den projektiven Tests stammen. Im Zustandsbild sollen die Befunde nicht nur nacheinander aufgereiht, sondern auch diskutiert werden, vor allem dann, wenn Widersprüche bestehen. Widersprüche können sowohl zwischen Exploration und Testergebnissen wie zwischen verschiedenen Tests bestehen (z.B. zwischen Rorschach und TAT). Dabei ist es notwendig, daß man die Befunde (z.B. einen bestimmten Eigenweltaspekt) in der Schwebe hält, bis auch alle anderen Teilbefunde angeführt sind. Dann wägt man ab, und schließlich entscheidet man sich für eine bestimmte Aussage.

4. GENESE

Man beginnt die Genese mit einem überleitenden Satz, der deutlich macht, daß man jetzt das Zustandsbild von der Entwicklung des Kindes her erläutern will.

Es geht nicht an, einfach die Anamnese in Kürze zu referieren. Unnötig ist es z.B., darzustellen, ob das Kind gestillt wurde oder nicht, wenn diese Tatsache in keinem Zusammenhang mit der Fragestellung und den vermuteten Ursachen der Störung steht. Sinn der Genese im Gutachten ist es, die Schlüsse, die man aus der Anamnese gezogen hat – siehe Auswertung der Anamnese – an dieser Stelle aufzuzeigen, und zwar so, daß sie das Zustandsbild verdeutlichen, unter Umständen ergänzen und vor allem genetisch erklären. Die Genese leitet zur Diagnose über, denn diese ist ja immer auch *genetische* Diagnose.

5. DIAGNOSE

Die Diagnose kann verschieden gestaltet werden. Das hängt davon ab, ob man im Zustandsbild bereits zur Fragestellung Bezug genommen und die einzelnen Befunde schon gewichtet hat, oder ob im Zustandsbild die Einzelheiten stärker aufgereiht worden sind. Im ersten Fall wird die «Diagnose» kürzer, im zweiten Fall wird man in der «Diagnose» diese Zusammenschau erst noch bringen müssen.

In diesem fünften Punkt müssen die Befunde des Zustandsbildes und der Genese in eine fest umrissene Diagnose zusammenfließen. Alle Befunde sollten sich uneingeschränkt zu einem Gesamtbild zusammenfügen («Aufgehen ohne Rest», WERTHEIMER) – obwohl das nicht immer möglich ist. Man kann diskutieren, warum man andere, ebenfalls naheliegende Diagnosen ausschließt. Aus der Diagnose ergibt sich folgerichtig die Beantwortung der Untersuchungsfrage bzw. die Erklärung der Symptome.

Was die Reihenfolge betrifft, so kann man zunächst die Diagnose stellen (z.B. strukturelle Verwahrlosung) und diese dann durch die Befunde aus Zustandsbild und Genese erklären. Oder man führt zuerst die verschiedenen Befunde an, wägt sie gegenseitig ab und verdichtet sie dann zu einer Diagnose.

Ist die Aufzählung und Erörterung der Befunde sehr ausführlich geworden, so empfiehlt es sich, die Diagnose nochmals knapp in zwei, drei Sätzen zusammenzufassen. Das zwingt zu klarer Formulierung des Wesentlichen.

6. PROGNOSE

Kurze Zusammenfassung der voraussehbaren Entwicklungsmöglichkeiten des Probanden sowie der realen Gegebenheiten in dessen Lebensraum, die den Rahmen der Entwicklungsmöglichkeiten abstecken. Wie werden sich die Schwierigkeiten voraussichtlich gestalten?

7. BERATUNGS- UND BEHANDLUNGSVORSCHLÄGE

In diesem letzten Punkt wird das Fazit des Vorhergesagten gezogen. Hier kommt die eigentliche praktische Anwendung.

Auch dieser Punkt sollte ausführlich und gegliedert dargestellt werden. Dabei sollte deutlich gesagt werden, wen (z. B. Eltern, Lehrer, Jugendführer) man beraten möchte. Dazu ist detailliert aufzuführen, was man den einzelnen Erziehungsberechtigten sagen will und in welcher Weise das geschehen soll.

Die einzelnen Beratungsvorschläge sind gut strukturiert aufzuführen. Einzelne notwendige Maßnahmen (z. B. Verschickung, Heimeinweisung, Nachhilfestunden) sind zu nennen. Und zwar sollte man diese Maßnahmen (das gleiche gilt für Behandlungsvorschläge) auch dann anführen, wenn sie sich vielleicht nicht durchführen lassen. Es muß zunächst alles das aufgeführt werden, was man im Idealfall tun sollte, und erst dann kann man abwägen, was sich unter den gegebenen Umständen tun läßt.

Ist eine Betreuung bzw. Behandlung notwendig, so sollte im einzelnen aufgeführt werden, welcher Art sie sein soll und welcher Therapeut sie am besten durchführen würde.

Einzelheiten zur Intelligenzbegutachtung

Einzelheiten, die aufgeführt werden sollten:
Zum Beispiel Schwerpunkt der Intelligenz: konkret-anschaulich, abstrakt-theoretisch, insgesamt stärker sprachlich, mathematisch, praktisch, musisch; genial-schöpferisch bzw. Mischungen.

Allgemeine Denkeigenschaften, zur Einsicht und Umstrukturierung fähig, Art der Denkprozesse, Denktempo, Weite des Horizonts, Umstellungsfähigkeit, Beweglichkeit, Produktivität, Ansprechbarkeit, Flüssigkeit, Unterscheidung von wesentlich und unwesentlich.

Allgemeine Aufgeschlossenheit, gesunder Menschenverstand.

Abstraktionsfähigkeit, Beziehungsdenken, Begriffsbildung, logisches und folgerichtiges Denken, Urteilsfähigkeit, Kritikfähigkeit.

Sprachbegabung: Wortverständnis, sprachliche Ausdrucksfähigkeit.

Rechnerische Begabung: Umgehen mit Zahlen, Regeldenken, Problemeinsicht.

Praktisch-technische Begabung: räumliches Vorstellungsvermögen, analytisches und synthetisches Vorgehen, visuell-motorische Koordination.

Sonderbegabungen, falls vorhanden: Zeichnen, Musikalität.

Bei schwach Begabten auch: Sinn für Takt, Rhythmus.

Instrumentale Fähigkeiten (Produktivität, Phantasie, Vorstellungsreichtum, dies kann auch schon zur Charakterisierung der allgemeinen Intelligenz gehören).

Merkfähigkeit (für Zahlen, Sätze, Inhalte, Takt).

Gedächtnis: mechanisches, Sinngedächtnis.

Elementarkenntnisse: Deutsch, Lesen, Diktat, Aufsatz, Rechnen, Wissen, Kenntnisse.

Handgeschicklichkeit, Grob- und Feinmotorik.

Hier kann, falls notwendig, schon auf Ausfälle, Störungen, beeinträchtigende Konflikte, sofern sie zum Zustandsbild der Intelligenz gehören, hingewiesen werden. Eine endgültige Kennzeichnung sollte man der Diagnose überlassen.

Weiter gehören zur Intelligenzbeurteilung Ausdauer und Konzentration.

In vielen Fällen kann es für das Gutachten notwendig sein, anzuführen, von welchen Tests die Einzelbefunde stammen. Es gibt drei Möglichkeiten der Darstellung:

1. Man schreibt die jeweiligen Testwerte an den Rand des Gutachtens – aber nicht pauschal, sondern detailliert, z.B. nicht «Rorschach», sondern Ro F+% oder Ro Fbf.

2. Man setzt im Text des Gutachtens die Einzeltestwerte in Klammern hinter die einzelnen Aussagen. Es ist bei dieser Form aber Vorsicht geboten, damit der Text nicht zu sehr zerrissen wird.

3. Man nimmt im Text auf die einzelnen Testbefunde Bezug und wägt sie gegeneinander ab. Das ist die beste, aber stilistisch schwierigste Form. Außerdem besteht die Gefahr, daß man bei zu vielem Abwägen definitiven Aussagen aus dem Wege geht und alles in der Schwebe läßt.

LITERATURVERZEICHNIS

SPEZIELLE LITERATUR ZUM THEMA

ARNTZEN, F.: Psychologische Testreihe für Kinderuntersuchungen. Göttingen 1955.
BIERMANN, G.: Biographische Anamnese und Beratungssituation in ihrer Bedeutung für Diagnose, Prognose und Therapie neurotischer und psychosomatischer Störungen im Kindes- und Jugendalter. Z. f. Kinderheilk. 1962, 86, 257–279.
BRICKENKAMP, R.: Zur inhaltlichen Gliederung der Anamnese. Diagnostica 1957, 3, 11–16.
DÜHRSSEN, A.: Psychotherapie bei Kindern und Jugendlichen. Göttingen 1963.
ERTEL, S.: Elternfragebogen zur Lebensgeschichte des Kindes, unveröffentlichter Fragebogen aus der Beratungsstelle der Universität Münster.
LÜCKERT, H.R.: Die kleine Anamnese. Schule u. Psychol. 1954, 1, 102–107.
– Die große Anamnese. Schule u. Psychol. 1954, 1, 228–237.
PIETROWICZ, B.: Ein dänischer Fragebogen zur Erhebung der Anamnese von Kindern. Prax. Kinderpsychol. u. Kinderpsychiatr. 1958, 8, 305–308.
SCHMEER, G., und KLÜVER, K.: Vorschlag eines Anamneseschemas zur praktischen und wissenschaftlichen Beurteilung von Kinderneurosen. Prax. Kinderpsychol. u. Kinderpsychiatr. 1955, 4, 193–201.
SCHRAML, W.: Das Psychodiagnostische Gespräch (Exploration und Anamnese). In: R. HEISS (Hrsg.), Handbuch der Psychologie, Bd. 6. Göttingen 1964.
SCHULTZ-HENCKE, H.: Lehrbuch der analytischen Psychotherapie. Stuttgart 1951.
SEARS, R.R., MACCOBY, E.E., und LEVIN, H.L.: Patterns of Child Rearing. Evanston 1957.
STERN, E.: Die Anamnese und die klinische Beobachtung. In: E. STERN (Hrsg.), Die Tests in der klinischen Psychologie. Zürich 1954.

ALLGEMEINE LITERATUR

ALLPORT, G.W.: Persönlichkeit. Stuttgart 1959.
AICHHORN, A.: Verwahrloste Jugend. Bern 1957.
BAMBERGER, H.: Lehrbuch der Kinderheilkunde. Stuttgart 1958.
BANDURA, A., und WALTERS, R.: Adolescent Agression. New York 1959.
BANG, R.: Psychologische und methodische Grundlagen der Einzelfallhilfe. Wiesbaden 1958.
BERENDS, J.: Einführung in die Sprachheilkunde. Leipzig 1955.
BINGHAM, W.D., und MOORE, B.V.: How to interview. New York 1959.
BINSWANGER, H.: Kurzes Lehrbuch der Psychiatrie. Zürich 1949.
BIRAN, S.: Die dynamische und die genetische Erklärung der Neurose. Acta Psychotherapeutica 1956, 4, 1–20.
BLEIDICK, U.: Der gegenwärtige Stand der Lese- und Schreibschwächeforschung, Schule u. Psychol. 1960, 7, 65–82.
– Über Theorien zur Ätiologie der Lese- und Schreibstörungen. In: H. KIRCHHOFF und B. PIETROWICZ (Hrsg.), Neues zur Lese- und Rechtschreibschwäche. Basel 1963.
BOESCH, E.E.: Die diagnostische Systematisierung. In: R. HEISS (Hrsg.), Handbuch der Psychologie, Bd. 6, Psychologische Diagnostik. Göttingen 1964.
BOHM, E.: Lehrbuch der Rorschach-Psychodiagnostik. Bern 1957.
BORNEMANN, E.: Erziehungsberatung. München 1963.
BRAND, P.: Schulreife und Milieu. Frankfurt 1955.
BRUN, R.: Allgemeine Neurosenlehre. Basel 1954.
BÜHLER, CH.: Kindheit und Jugend. Leipzig 1931.
BÜHLER, K.: Abriß der geistigen Entwicklung des Kleinkindes. Heidelberg 1958.
BURLINGHAM, D., und FREUD, A.: Anstaltskinder. London 1950.
BUSEMANN, A.: Psychologie der Intelligenzdefekte mit besonderer Berücksichtigung der hilfsschulbedürftigen Debilität. München 1963.
CARMICHAEL, L. (Hrsg.): Manual of Child Psychology. New York, London 1946.
DÜHRSSEN, A.: Heimkinder und Pflegekinder in ihrer Entwicklung. Göttingen 1958.
ERIKSON, E.H.: Kindheit und Gesellschaft. Zürich 1961.
EYSENCK, H.J.: Behavior therapy and the neuroses (Readings in modern methods of treatment derived from learning theory). London 1960.
FREUD, A.: Das Ich und die Abwehrmechanismen. London 1964.
FREUD, S.: Drei Abhandlungen zur Sexualtheorie. Gesammelte Werke, Bd. 5. London 1955.
– Analyse der Phobie eines fünfjährigen Knaben, Bd. 7.
– Über infantile Sexualtheorien, Bd. 7.
– Vorlesungen zur Einführung in die Psychoanalyse, Bd. 11.
– Das Ich und das Es, Bd. 13.
– Hemmung, Symptom und Angst, Bd. 14.
– Zur Frage der Laienanalyse, Bd. 14.
– Neue Folge der Vorlesungen zur Einführung in die Psychoanalyse, Bd. 15.
Alle London 1955.
GOODE, W.J.: Die Struktur der Familie. Köln 1960.
GRAEFE, O., und HECKHAUSEN, H.: Psychologische Forschung und praktische Erziehungshilfe. München 1955.
GRAEFE, O.: Zur Klassifizierung kindlicher Verhaltensstörungen. Psychol. Rundschau 1956, 7, 1–9.
v. HARNACK, G.A.: Wesen und soziale Bedingtheit frühkindlicher Verhaltensstörungen. Basel 1953.
– Nervöse Verhaltensstörungen beim Schulkind. Stuttgart 1958.

HEISS, R.: Technik, Methodik und Problematik des Gutachtens. In: R. HEISS (Hrsg.), Handbuch der Psychologie, Bd. 6. Göttingen 1964.
HETZER, H.: Kind und Jugendlicher in der Entwicklung. Wolfenbüttel 1961.
HOFSTÄTTER, P. R.: Die soziale Dynamik der psychotherapeutischen Situation. Psyche 1957, 12, 733–749.
HOPMANN, W.: Zur Ätiologie, Vorbeugung und Behandlung der Jugendverwahrlosung, Bericht über eine Tagung der Unesco, Genf 1955. Prax. d. Kinderpsychol. u. Kinderpsychiat. 1956, 5, 87–94.
ILG, F. L., und AMES, L. B.: Erziehung – leichtgemacht. Bad Nauheim 1957.
JOCHMUS, J.: Neuropathie im Kindesalter. In: R. COBET, K. GUTZEIT, H. E. BOCK (Hrsg.), Klinik der Gegenwart, Bd. 5. München 1957.
KEMMLER, L.: Untersuchung über den frühkindlichen Trotz. Psychol. Forschung 1957, 25, 279–338.
KEMMLER, L., und HECKHAUSEN, H.: Mütteransichten über Erziehungsfragen. Psychol. Rundschau 1959, 10, 83–93.
KEMMLER, L.: Erziehungshaltungen von Müttern vierzehnjähriger Jungen. Psychol. Rundschau 1960, 11, 197–218.
KEMMLER, L., und HECKHAUSEN, H.: Ist die sogenannte «Schulreife» ein Reifungsproblem? In: K. H. INGENKAMP (Hrsg.), Praktische Erfahrung mit Schulreifetests. Basel 1962.
KLINGHAMMER, D.: Frühes Erkennen von Hör- und Sprachstörungen bei Kindern. In: L. KEMMLER, H. HECKHAUSEN (Hrsg.), Praktische Fragen der Begabungsdiagnostik in der Erziehungsberatung. Weinheim 1965.
KÖNIG, R. (Hrsg.): Das Interview. Köln 1954.
KOFFKA, K.: Die Grundlagen der psychischen Entwicklung. Osterwieck 1925.
KRETSCHMER, E.: Der sensitive Beziehungswahn. Ein Beitrag zur Paranoiafrage und zur psychiatrischen Charakterlehre. Berlin 1950.
– Hysterie, Reflex und Instinkt. Stuttgart 1958.
– Körperbau und Charakter. Berlin 1961.
KÜNKEL, F.: Einführung in die Charakterkunde. Stuttgart 1962.
LEWIN, K.: A dynamic theory of the feeble-minded. In: A dynamic theory of personality. New York 1935.
LÜDERS, W.: Die pädagogischen Möglichkeiten der psychologischen Beratung. Psychol. Rundsch. 1964, 15, 107–115.
LUTZ, J.: Kinderpsychiatrie. Zürich 1961.
MEILI, R.: Lehrbuch der psychologischen Diagnostik. Bern 1961.
MAYNTZ, R.: Die moderne Familie. Stuttgart 1955.
MENZEL, K.: Mutter-Arzt-Kind. Betrachtung zu Problemen der menschlichen Begegnung in der kinderärztlichen Praxis. Stuttgart 1961.
METZGER, W.: Das Experiment in der Psychologie. Stud. Gen. 1952, 5, 142–163.
– Stimmung und Leistung. Münster 1957.
– Erziehung zur Reinlichkeit. Lindau (Bodensee) 1961.
– Psychologie (vor allem Kapitel 4, Das Problem des Bezugssystems). Darmstadt 1963.
MÜLLER, E.: Die Kunst der Gesprächsführung. Hamburg 1959.
MURRAY, H. A.: Explorations in Personality. New York 1953.
MOUSTAKAS, C. E.: Children in play therapy, a key to understanding normal and disturbed emotions. New York 1953.
NUTTIN, J.: Psychoanalyse und Persönlichkeit. Freiburg (Schweiz) 1956.
PIAGET, J.: Das moralische Urteil beim Kinde. Zürich 1954.
PIAGET, J., und INHELDER, B.: Psychologie der frühen Kindheit. In: D. und R. KATZ (Hrsg.), Handbuch der Psychologie. Basel 1960.
PSCHYREMBEL, W.: Klinisches Wörterbuch. Berlin 1964.

RICHTER, H. E.: Eltern, Kind und Neurose. Stuttgart 1963.
ROGERS, C. L.: Counseling and Psychotherapy. Boston 1942.
– Client-centered therapy. Boston 1951.
SCHELSKY, H.: Wandlungen in der deutschen Familie. Stuttgart 1960.
– Die skeptische Generation. Düsseldorf 1960.
SNYDER, W. U.: Casebook of non-directive counseling. Boston 1947.
SPITZ, R.: Die Entstehung der ersten Objektbeziehung. Stuttgart 1960.
SPRANGER, E.: Psychologie des Jugendalters. Heidelberg 1960.
STÖCKMANN, F.: Zum Problem der Fürsorge und Behandlung geistig behinderter Kinder. Prax. d. Kinderpsychol. u. Kinderpsychiat. 1963, 12, 127–134.
SCHRAML, W.: Psychodynamische Aspekte der psychodiagnostischen Gesprächssituation. Psychol. Rundsch. 1962, 13, 33–43.
STREBEL, G.: Schulreifetest. Ein Beitrag zur Theorie und zur praktischen Erfassung der Schulreife. Solothurn 1959.
STOCKERT, V. F. G.: Einführung in die Psychopathologie des Kindesalters. Berlin 1957.
STUTTE, H.: Kinder und Jugendpsychiatrie. In: A.W. GRUHLE, R. JUNG, W. MAYER-GROSS, M. MÜLLER (Hrsg.), Psychiatrie der Gegenwart, Bd. 2. Berlin 1960.
TAUSCH, R.: Das psychotherapeutische Gespräch. Göttingen 1960.
THOMAE, H. (Hrsg.): Handbuch der Psychologie, Bd. 3. Entwicklungspsychologie. Göttingen 1959.
WERNER, H.: Einführung in die Entwicklungspsychologie. München 1959.
WEWETZER, K. H.: Das hirngeschädigte Kind. Stuttgart 1959.
WITTE, W.: Struktur, Dynamik und Genese von Bezugssystemen. Psychol. Beiträge 1960, 4, 218–252.
ZELLER, W.: Konstitution und Entwicklung. Göttingen 1962.
ZULLIGER, H.: Umgang mit dem kindlichen Gewissen. Stuttgart 1960.